Les nouveaux Noé

Nous entrons dans le Temps de la Création, un mois durant lequel nous nous rappelons que Dieu prend soin de la Création, avec un amour et une fidélité qui jamais ne font défaut (cf. Ps 56 [57], 11; Ps 107 [108], 5). Prier pour sa sauvegarde, c'est prier pour toutes les femmes et tous les hommes créés à l'image de Dieu. C'est aussi la veiller dans son ensemble, avec ses animaux, ses végétaux, sa biodiversité… Dans la Genèse, Dieu a confié la Création à l'homme (cf. Gn 1, 29). Il charge Noé de la sauver du déluge (cf. Gn 7, 3). Avoir pris conscience qu'il nous faut, à la suite de Noé, protéger cette Terre nourricière ne suffit plus. L'engagement de chacun doit suivre pour notre « maison commune » comme aime à l'appeler le pape François. Nous pouvons nous associer, par exemple, aux initiatives œcuméniques sous le label Église verte qui mobilise les personnes de bonne volonté. Car il revient à chacun de nous, indivi-duellement et collectivement, de veiller sur notre Terre et d'œuvrer ainsi pour le Royaume. ■

Veiller sur notre Terre, c'est œuvrer pour le Royaume.

© P.-E. Charon

« Prions en Église » pour les communautés religieuses

À La Pommeraye (Maine-et-Loire), une centaine de sœurs de la Providence reçoivent *Prions en Église* grâce au Fonds de solidarité. Le mensuel les aide à porter leur prière aux dimensions de l'Église et du monde.

Maison-mère des Sœurs de la Providence, la Pommeraye accueille de nombreuses religieuses âgées. Retraitées, elles n'en restent pas moins actives dans l'oraison quotidienne, un élément clé du charisme de cette congrégation de spiritualité carmélitaine.

« Notre prière est nourrie de la fréquentation avec la parole de Dieu et *Prions en Église* nous aide à en vivre au quotidien, témoigne sœur Marie-Thérèse, 90 ans. Lors de la messe quotidienne, j'aime lire le psaume dans la revue. Nous avons chaque mois un temps de partage de la Parole où nous lisons l'évangile du dimanche suivant. Lors de ces réunions, chacune d'entre nous arrive avec son numéro, qui se révèle une aide précieuse. Et puis, bien sûr, il y a les temps de prière personnelle où chacune creuse en son cœur le sens des Écritures. »

Sœur Marie-Thérèse aime lire *Prions en Église* le soir, afin de préparer l'oraison du lendemain matin. « Je lis d'abord l'éditorial qui donne l'impulsion spirituelle pour le mois à venir puis, chaque soir, je lis les textes liturgiques du lendemain et les

Ci-contre : la maison-mère des Sœurs de la Providence à La Pommeraye (49).

DR

commentaires. Sans oublier les chants et les saints du jour, surtout ceux qui sont méconnus. »

Sœur Marie, 90 ans également, a noué un lien étroit avec la revue qu'elle voit comme « un cadeau que je reçois chaque mois. Je peux suivre l'année liturgique, prier en particulier lors des grands événements de l'Église. Et puis, moi qui ai vécu dix-huit ans en Afrique, j'apprécie beaucoup les témoignages des personnes engagées au service des paroisses des autres continents. Cela me remplit de joie et d'espérance. »

« Il est toujours encore temps, pour nous retraitées, d'aimer et de nous laisser aimer, souligne sœur Marie-Thérèse. Et ce n'est pas parce que nous sommes en retrait du monde que nous en sommes coupées. Au contraire, nous prions pour le monde dans un lien particulier avec lui, à la fois séparées et proches. Et *Prions en Église* nous y aide. » ∎

Romain Mazenod

Prions pour que nous fassions
des choix courageux en faveur
d'un style de vie sobre et durable,
en nous réjouissant de voir
des jeunes s'y engager résolument.

Pour vous aider à prier :
www.prieraucoeurdumonde.net

SAINTS ET SAINTES DU MOIS DE SEPTEMBRE 2021

Xavier Lecœur, journaliste et historien

*Chaque jour, l'Église fête plusieurs saints et bienheureux :
ceux du calendrier romain, ceux des calendriers diocésains
et ceux du calendrier des Églises orientales.
Tous les mois, Prions en Église vous propose d'en découvrir quelques-uns.*

1er septembre
St Loup (Leu)
(vers 573-623)
L'un des plus célèbres évêques de Sens (Yonne). Exilé par le roi mérovingien Clotaire II sur la base de calomnies, il parvint à rentrer en grâce et put retrouver son diocèse.

2 septembre
St Salomon Leclercq
(1745-1792)
Ce frère des Écoles chrétiennes fut l'une des nombreuses victimes des massacres du 2 septembre 1792, dans le jardin des Carmes à Paris. Canonisé en 2016.

3 septembre
St Grégoire le Grand
(vers 540-604)
« Traitez les affaires temporelles en tendant de toute votre âme aux réalités éternelles », recommandait ce moine bénédictin, élu pape en 590. Il fut un auteur prolifique. Docteur de l'Église.

4 septembre
Bse Dina Bélanger
(1897-1929)
Cette Québécoise renonça à une carrière de pianiste concertiste pour entrer dans la congrégation des Sœurs de Jésus-Marie. Elle connut une vie mystique intense. Béatifiée en 1993.

5 septembre
Ste Teresa de Calcutta
(1910-1997)
« Marie, Mère de Jésus, apprends-moi à aimer Jésus comme tu l'aimes » : ainsi priait la célèbre fondatrice des Missionnaires de la Charité. Canonisée en 2016.

6 septembre
Bx Olinto Marella
(1882-1969)
Malgré de nombreuses

tribulations, ce prêtre italien n'arrêta jamais de se dévouer pour les plus pauvres et pour les jeunes en difficulté. Béatifié, à Bologne, le 4 octobre 2020.

7 septembre
Ste Reine
(IIIᵉ siècle)
Selon la tradition, cette jeune Gauloise chrétienne aurait été décapitée à Alésia (aujourd'hui Alise-Sainte-Reine, en Côte-d'Or) pour avoir refusé d'abjurer sa foi.

8 septembre
Nativité de la Vierge Marie

9 septembre
Bx Alain de la Roche
(vers 1428-1475)
Ce dominicain breton prêcha le culte de la Vierge Marie, en France, en Allemagne et aux Pays-Bas, et fonda les Confréries du Rosaire.

10 septembre
St Nicolas de Tolentino
(1245-1305)
Au couvent de Tolentino (région des Marches), ce moine de l'ordre de Saint-Augustin se voua avec foi et douceur au catéchisme, à la prédication et à la confession. Canonisé en 1446.

11 septembre
St Jean-Gabriel Perboyre
(1802-1840)
« Il n'y a qu'une seule chose importante, c'est de connaître et d'aimer Jésus Christ », affirmait ce missionnaire lazariste, mort martyr en Chine. Canonisé en 1996.

12 septembre
St Guy d'Anderlecht
(vers 950-1012)
Ce sacristain de Notre-Dame de Laeken, près de Bruxelles, négligea sa tâche pour se lancer dans le commerce. Ruiné, il entreprit un pèlerinage

expiatoire à Rome et à Jérusalem.

13 septembre
St Aimé
(vers 570-vers 628)
D'abord moine à Luxeuil, il fonda ensuite, avec saint Romaric, le monastère double de Remiremont (Vosges).

14 septembre
St Gabriel-Taurin Dufresse
(1750-1815)
Né en Auvergne, ce prêtre des Missions étrangères fut envoyé en Chine, où il forma de nombreux chrétiens. Inquiété à plusieurs reprises,

il mourut décapité. Canonisé en 2000.

15 septembre
Ste Catherine de Gênes
(1447-1510)
Après un début de vie frivole, cette laïque s'amenda et se consacra aux malades de l'hôpital de Gênes. Autrice mystique, on lui doit le *Traité du Purgatoire*.

16 septembre
St Cyprien
(vers 200-vers 258)
« Croyez à celui qui donnera aux croyants la récompense de la vie éternelle », exhortait cet évêque de Carthage qui mourut martyr,

lors d'une persécution anti-chrétienne.

17 septembre
St Robert Bellarmin
(1542-1621)
Il y a quatre siècles mourait ce jésuite toscan qui avait été l'un des plus brillants controversistes de son temps. Docteur de l'Église depuis 1931.

18 septembre
St Eustorge Ier
(IVe siècle)
Selon la tradition, cet évêque de Milan obtint de l'empereur Constantin le transfert dans sa ville des reliques des mages,

reliques qui sont désormais dans la cathédrale de Cologne.

19 septembre
St Janvier
(vers 270-305)
Évêque de Bénévent (sud de l'Italie). Saint patron de Naples. Son sang, conservé à la cathédrale dans deux ampoules, se liquéfie de façon inexpliquée, chaque année, à dates fixes.

20 septembre
St André Kim et les martyrs de Corée
(XIXe siècle)
Premier prêtre coréen, André Kim Taegon faisait

partie du groupe des 103 martyrs de Corée canonisés par saint Jean-Paul II en 1984.

21 septembre
Ste Iphigénie
(Ier siècle)
Fille d'un roi éthiopien, convertie à la foi chrétienne par l'évangéliste saint Matthieu qui est également fêté aujourd'hui.

22 septembre
St Ignace de Santhia
(1686-1770)
Surnommé « le religieux à tout faire », ce prêtre capucin piémontais œuvra comme curé de paroisse, maître

des novices, aumônier d'hôpital et directeur spirituel ! Canonisé en 2002.

23 septembre
Bse Émilie Gamelin
(1800-1851)
Il y a vingt ans, en 2001, le pape saint Jean-Paul II béatifiait cette Québécoise qui se voua à l'humanité souffrante et fonda la congrégation des Sœurs de la Providence de Montréal.

24 septembre
St Gérard Sagredo
(980-1046)
À la demande du roi saint Étienne Ier,

cet abbé vénitien devint le premier évêque de Csanád (Hongrie) et joua un rôle actif dans l'évangélisation du pays.

25 septembre
St Cléophas
(Ier siècle)
L'un des deux disciples auxquels le Christ ressuscité apparut sur le chemin d'Emmaüs (Lc 24, 18).

26 septembre
Bx Louis Tezza
(1841-1923)
« Ce n'est pas seulement à quelques-uns mais à tous que Dieu dit : soyez saints », rappelait ce prêtre religieux

camillien, cofondateur de la congrégation hospitalière des Filles de Saint-Camille. Béatifié en 2001.

27 septembre
St Vincent de Paul
(1581-1660)
Le « grand saint du Grand Siècle » ! Il fonda les Dames de Charité (actuelles Équipes Saint-Vincent), les Prêtres de la Mission (ou Lazaristes), puis les Filles de la Charité.

28 septembre
St Venceslas
(907-929)
Duc de Bohême, il favorisa l'essor

du christianisme dans son pays. Il fut assassiné par son frère Boleslav qui voulait régner à sa place. Saint patron des Tchèques.

29 septembre
Bx Jean de Montmirail
(lire page 180)

30 septembre
St Jérôme
(vers 347-420)
« Ignorer les Écritures, c'est ignorer le Christ », affirmait l'auteur de la Vulgate (traduction de la Bible en latin à partir des textes hébreux et grecs). Père et docteur de l'Église. ●

Prions avec les textes de la messe

Partagez
vos intentions de prière

Envoyez vos intentions de prière à :
Prions en Église, Intentions de prière, 18 rue Barbès, 92128 Montrouge Cedex.
Elles seront portées par les lecteurs qui partiront en pèlerinage.

Antienne d'ouverture

Nous rappelons ton amour, Seigneur, au milieu de ton temple ;
sur toute la terre ceux qui t'ont rencontré proclament ta louange :
tu es toute justice. (Ps 47, 10-11)

Prière

Dieu qui as relevé le monde par les abaissements de ton Fils, donne à tes fidèles une joie sainte : tu les as tirés de l'esclavage du péché ; fais-leur connaître le bonheur impérissable. Par Jésus Christ… — *Amen.*

Lecture

de la lettre de saint Paul apôtre aux Colossiens (1, 1-8)

« La parole de vérité, l'Évangile, est parvenue jusqu'à vous,
elle qui porte du fruit et progresse dans le monde entier »

Paul, apôtre du Christ Jésus par la volonté de Dieu, et Timothée notre frère, aux frères sanctifiés par la foi dans le Christ qui habitent Colosses. À vous, la grâce et la paix de la part de Dieu notre Père. Nous rendons grâce à Dieu, le Père de notre Seigneur Jésus Christ, en priant pour vous à tout moment. Nous avons entendu parler de votre foi dans le Christ Jésus et de l'amour que vous avez pour tous les fidèles dans l'espérance de ce qui vous est réservé au ciel ; vous en avez déjà reçu l'annonce par la parole de vérité, l'Évangile qui est parvenu jusqu'à vous. Lui qui porte du fruit et progresse dans le monde entier, il fait de même chez vous, depuis le jour où vous avez reçu l'annonce et la pleine connaissance de la grâce de Dieu dans la vérité. Cet enseignement vous a été donné par Épaphras, notre cher compagnon de service, qui est pour vous un ministre du Christ digne de foi ; il nous a fait savoir de quel amour l'Esprit vous anime.

– Parole du Seigneur.

Psaume 51 (52)

℟ *Je compte sur la fidélité de mon Dieu, sans fin, à jamais !*

Pour moi, comme un bel olivier
dans la maison de Dieu,
je compte sur la fidélité de mon Dieu,
sans fin, à jamais ! ℟

Sans fin, je veux te rendre grâce,
car tu as agi.
J'espère en ton nom devant ceux qui t'aiment :
oui, il est bon ! ℟

Acclamation de l'Évangile

Alléluia. Alléluia. Le Seigneur m'a envoyé porter la Bonne Nouvelle aux pauvres, annoncer aux captifs leur libération. ***Alléluia.***

Évangile de Jésus Christ

selon saint Luc (4, 38-44)

« Aux autres villes aussi, il faut que j'annonce la Bonne Nouvelle, car c'est pour cela que j'ai été envoyé »

En ce temps-là, Jésus quitta la synagogue de Capharnaüm et entra dans la maison de Simon. Or, la belle-mère de Simon était oppressée par une forte fièvre, et on demanda à Jésus de faire quelque chose pour elle. Il se pencha sur elle, menaça la fièvre, et la fièvre la quitta. À l'instant même, la femme se leva et elle les servait.

Au coucher du soleil, tous ceux qui avaient des malades atteints de diverses infirmités les lui amenèrent. Et Jésus, imposant les mains à chacun d'eux, les guérissait. Et même des démons sortaient de beaucoup d'entre eux en criant : « C'est toi le Fils de Dieu ! » Mais Jésus les menaçait et leur interdisait de parler parce qu'ils savaient, eux, que le Christ, c'était lui. Quand il fit jour, Jésus sortit et s'en alla dans un endroit désert. Les foules le cherchaient ; elles arrivèrent jusqu'à lui, et elles le retenaient pour l'empêcher de les quitter. Mais il leur dit : « Aux autres villes aussi, il faut que j'annonce la Bonne Nouvelle du règne de Dieu, car c'est pour cela que j'ai été envoyé. » Et il proclamait l'Évangile dans les synagogues du pays des Juifs.

Prière sur les offrandes

Puissions-nous être purifiés, Seigneur, par l'offrande qui t'est consacrée ; qu'elle nous conduise, jour après jour, au Royaume où nous vivrons avec toi. Par Jésus...
— **Amen.**

Antienne de la communion

Goûtez et voyez comme est bon
le Seigneur, heureux qui trouve
en lui son refuge. (Ps 33, 9)

OU

« Venez à moi, vous tous qui peinez,
vous qui êtes accablés, dit le Seigneur,
et moi, je referai vos forces. » (Mt 11, 28)

Prière après la communion

Comblés d'un si grand bien, nous te
supplions, Seigneur : fais que nous en
retirions des fruits pour notre salut et
que jamais nous ne cessions de chanter
ta louange. Par Jésus… — **Amen.**

INVITATION

Jésus guérit les malades. Dans ma prière d'aujourd'hui, je confie au Père
ceux qui attendent la guérison et les personnes qui les accompagnent.

COMMENTAIRE

Discrétion messianique   Luc 4, 38-44

Une foule guérie. Quel succès ! Le Christ éclipse tout autre faiseur de miracles.
Pourtant, lui, le Fils de Dieu, s'efface, se fait discret. Pour ne pas méprendre ceux
qui viennent à lui. Pour ne pas leur laisser croire que le Messie se résume à quelques
triomphes. Car le plus beau, le plus éprouvant aussi, reste à venir : la Croix, avant la
Résurrection. Comment suivons-nous le Christ ? L'accompagnons-nous jusque dans
sa traversée vers la vie ? ■   *Père Thibault Van Den Driessche, assomptionniste*

Antienne d'ouverture

**Je veux paraître devant toi,
Seigneur, et me rassasier de ta présence.**
(Ps 16, 15)

Prière

Dieu qui montres aux égarés la lumière de ta vérité pour qu'ils puissent reprendre le bon chemin, donne à tous ceux qui se déclarent chrétiens de rejeter ce qui est indigne de ce nom, et de rechercher ce qui lui fait honneur. Par Jésus Christ…
— **Amen.**

Lecture

de la lettre de saint Paul apôtre aux Colossiens (1, 9-14)

*« Nous arrachant au pouvoir des ténèbres,
il nous a placés dans le Royaume de son Fils bien-aimé »*

Frères, depuis le jour où nous avons entendu parler de vous, nous ne cessons pas de prier pour vous. Nous demandons à Dieu de vous combler de la pleine connaissance de sa volonté, en toute sagesse et intelligence spirituelle. Ainsi votre conduite sera digne du Seigneur, et capable de lui plaire en toutes choses ; par tout le bien que vous ferez, vous porterez

du fruit et vous progresserez* dans la vraie connaissance de Dieu. Vous serez fortifiés en tout par la puissance de sa gloire, qui vous donnera toute persévérance et patience. Dans la joie, vous rendrez grâce à Dieu le Père, qui vous a rendus capables d'avoir part à l'héritage des saints, dans la lumière. Nous arrachant au pouvoir des ténèbres, il nous a placés dans le Royaume de son Fils bien-aimé : en lui nous avons la rédemption, le pardon des péchés.
– Parole du Seigneur.

Psaume 97 (98)

℟ *Le Seigneur a fait connaître son salut.*

Le Seigneur a fait connaître sa victoire
et révélé sa justice aux nations ;
il s'est rappelé sa fidélité, son amour,
en faveur de la maison d'Israël. ℟

La terre tout entière a vu
la victoire de notre Dieu.
Acclamez le Seigneur, terre entière,
sonnez, chantez, jouez ! ℟

Jouez pour le Seigneur sur la cithare,
sur la cithare et tous les instruments ;
au son de la trompette et du cor,
acclamez votre roi, le Seigneur ! ℟

Acclamation de l'Évangile

Alléluia. Alléluia. « Venez à ma suite, dit le Seigneur, et je vous ferai pêcheurs d'hommes. » **Alléluia.**

Évangile de Jésus Christ

selon saint Luc (5, 1-11)

« Laissant tout, ils le suivirent »

En ce temps-là, la foule se pressait autour de Jésus pour écouter la parole de Dieu, tandis qu'il se tenait au bord du lac de Génésareth. Il vit deux barques qui se trouvaient au bord du lac ; les pêcheurs en étaient descendus et lavaient leurs filets. Jésus monta dans une des barques qui appartenait à Simon, et lui demanda de s'écarter un peu du rivage. Puis il s'assit et, de la barque, il enseignait les foules. Quand il eut fini de parler, il dit à Simon : « Avance au large, et jetez vos filets pour la pêche. » Simon lui répondit : « Maître, nous avons peiné toute la nuit sans rien prendre ; mais, sur ta parole, je vais jeter les filets. » Et l'ayant fait, ils capturèrent une telle quantité de poissons que leurs filets allaient se déchirer. Ils firent signe à leurs compagnons de l'autre barque de venir les aider. Ceux-ci vinrent, et ils remplirent les deux barques, à tel point qu'elles enfonçaient. À cette vue, Simon-Pierre tomba aux genoux de Jésus, en disant : « Éloigne-toi de moi, Seigneur, car je suis un homme pécheur. » En effet, un grand effroi l'avait saisi, lui et tous ceux qui étaient avec lui, devant la quantité de poissons qu'ils avaient pêchés ; et de même Jacques et Jean, fils de Zébédée, les associés de Simon. Jésus dit à Simon : « Sois sans crainte, désormais ce sont des hommes que tu prendras. » Alors ils ramenèrent les barques au rivage et, laissant tout, ils le suivirent.

JEUDI 2 SEPTEMBRE 2021

Prière sur les offrandes

Regarde, Seigneur, les dons de ton Église en prière : accorde à tes fidèles qui vont les recevoir la grâce d'une sainteté plus grande. Par Jésus… — **Amen.**

Antienne de la communion

Heureux ceux qui approchent
de ton autel, Seigneur;
heureux les habitants de ta maison :
ils peuvent toujours te louer,
mon Roi, mon Dieu ! (cf. Ps 83, 5)
OU
« Celui qui mange ma chair et boit
mon sang, dit le Seigneur,
demeure en moi, et moi en lui. »
(Jn 6, 57)

Prière après la communion

Nourris de ton eucharistie, nous te supplions, Seigneur : chaque fois que nous célébrons ce mystère, fais grandir en nous ton œuvre de salut. Par Jésus… — **Amen.**

INVITATION

Je regarde le monde : je rends grâce au Seigneur pour la joie de son Royaume.

COMMENTAIRE

Pêche solidaire — Luc 5, 1-11

Les pêcheurs doivent jeter leurs filets. Le Christ n'a pas poussé le miracle jusqu'à un produit prêt à consommer. Comme s'il voulait compter tant sur Simon et ses collègues de barques, que sur leur courage et leur fraternité. Pour récolter les bienfaits de la grâce, ils sont invités à se mobiliser, ensemble. Et nous, quels pêcheurs sommes-nous ? des solitaires ou des solidaires ? Quel espace réservons-nous à nos compagnons de mission ? ■ *Père Thibault Van Den Driessche, assomptionniste*

✷ CLÉ DE LECTURE

« Vous progresserez » — Colossiens 1, 10 *(p. 18)*

La traduction met au futur ce que le texte grec exprime tout au long au participe présent, qui dénote toujours la durée. Certes, l'apôtre demande à Dieu que les Colossiens aient une conduite digne du Christ, mais il paraît évident aussi que ce style de vie a déjà commencé en eux. Déjà dans leur façon d'agir et de plaire à Dieu, ils ne cessent de progresser dans la connaissance de sa volonté, de grandir chaque jour dans la persévérance, la patience et la joie de l'action de grâce. La suite du texte s'en explique : déjà Dieu les a placés dans le Royaume du Fils bien-aimé. C'est que la vie chrétienne n'est pas seulement tension vers une rencontre plus grande, elle est déjà au quotidien participation à la paix et à la joie du Royaume. ■

Roselyne Dupont-Roc, bibliste

Saint Grégoire le Grand

VIᵉ siècle. Élu pape en 590, il réorganisa l'administration de l'Église, rénova la liturgie et intensifia l'action missionnaire. Docteur de l'Église.

Antienne d'ouverture

Le Seigneur s'est choisi saint Grégoire comme prêtre, et, lui ouvrant ses trésors, il lui a donné de faire beaucoup de bien.

Prière

Dieu, qui prends soin de ton peuple et le gouvernes avec amour, écoute la prière du pape saint Grégoire ; accorde ton Esprit de sagesse aux hommes chargés de conduire l'Église ; que les progrès de ton peuple saint fassent la joie éternelle de ses pasteurs. Par Jésus Christ… — *Amen.*

Lecture

de la lettre de saint Paul apôtre aux Colossiens (1, 15-20)

« Tout est créé par lui et pour lui »

Le Christ est l'image du Dieu invisible, le premier-né, avant toute créature : en lui, tout fut créé, dans le ciel et sur la terre. Les êtres visibles et invisibles, Puissances, Principautés, Souverainetés, Dominations, tout est créé par lui et pour lui. Il est avant toute chose, et tout subsiste en lui. Il est aussi la tête du corps, la tête de l'Église : c'est lui le commencement, le premier-né d'entre les morts, afin qu'il ait en tout la primauté. Car Dieu a jugé bon qu'habite en lui toute plénitude et que tout, par le Christ, lui soit enfin réconcilié, faisant la paix par le sang de sa Croix, la paix pour tous les êtres sur la terre et dans le ciel. – Parole du Seigneur.

Psaume 99 (100)

℟ **Allez vers le Seigneur parmi les chants d'allégresse.**

Acclamez le Seigneur, terre entière,
servez le Seigneur dans l'allégresse,
venez à lui avec des chants de joie ! ℟

Reconnaissez que le Seigneur est Dieu :
il nous a faits, et nous sommes à lui,
nous, son peuple, son troupeau. ℟

Venez dans sa maison lui rendre grâce,
dans sa demeure chanter ses louanges ;
rendez-lui grâce et bénissez son nom ! ℟

Oui, le Seigneur est bon,
éternel est son amour,
sa fidélité demeure d'âge en âge. ℟

Acclamation de l'Évangile

Alléluia. Alléluia. Moi, je suis la lumière du monde, dit le Seigneur. Celui qui me suit aura la lumière de la vie. **Alléluia.**

Évangile de Jésus Christ

selon saint Luc (5, 33-39)

« Des jours viendront où l'Époux leur sera enlevé ; alors, ils jeûneront »

En ce temps-là, les pharisiens et les scribes dirent à Jésus : « Les disciples de Jean le Baptiste jeûnent souvent et font des prières ; de même ceux des pharisiens. Au contraire, les tiens mangent et boivent ! » Jésus leur dit : « Pouvez-vous faire jeûner les invités de la noce, pendant que l'Époux est avec eux ? Mais des jours viendront où l'Époux leur sera enlevé ; alors, en ces jours-là, ils jeûneront. » Il leur dit aussi en parabole : « Personne ne déchire un morceau à un vêtement neuf pour le coudre sur un vieux vêtement. Autrement, on aura déchiré le neuf, et le morceau qui vient du neuf ne s'accordera pas avec le vieux. Et personne ne met du vin nouveau dans de vieilles outres ; autrement, le vin nouveau fera éclater les outres, il se répandra et les outres seront perdues. Mais on doit mettre le vin nouveau dans des outres neuves. Jamais celui qui a bu du vin vieux ne désire du nouveau. Car il dit : "C'est le vieux qui est bon." »

Prière sur les offrandes

Exauce notre prière, Seigneur : permets qu'au jour où nous fêtons saint Grégoire ce sacrifice nous apporte le salut, puisque, dans cette immolation, tu as voulu que soient remis les péchés du monde entier. Par Jésus… — **Amen.**

Antienne de la communion

Voici l'intendant fidèle et sensé que le maître a placé à la tête de ses serviteurs pour leur donner, en temps voulu, leur part de blé.
(cf. Lc 12, 42)

Prière après la communion

Ceux que tu fortifies, Seigneur, par le pain vivant, forme-les aussi par l'enseignement du Christ, pour qu'à l'exemple de saint Grégoire la connaissance de ta vérité les fasse vivre dans ton amour. Par Jésus… — **Amen.**

INVITATION

À vin nouveau, outre neuve ! En cette rentrée, je décide d'un point concret de ressourcement pour ma vie de foi.

COMMENTAIRE

Vin nouveau ou affiné ?   Luc 5, 33-39

Si le vin nouveau se conserve dans des outres neuves, il se bonifie avec l'âge. De même, à mesure que nous lisons les Écritures, elles exhalent leurs arômes : « Déposées et étiquetées dans les retraites de l'âme, munies du cachet du silence, il en sera d'elles comme de vin au parfum suave », observe le sage Jean Cassien au IVe siècle. L'intériorisation patiente de l'Écriture, au fond de notre cœur, les rendra d'autant plus exquises et parfumées. ■ *Père Thibault Van Den Driessche, assomptionniste*

Temps ordinaire, *suggestion d'oraisons et d'antiennes n° 16*
ou **bienheureuse Vierge Marie**, *voir p. 30*

Antienne d'ouverture

Voici que le Seigneur vient m'aider,
Dieu, mon appui entre tous.
De grand cœur j'offrirai le sacrifice,
je rendrai grâce à son nom, car il est bon !

(Ps 53, 6. 8)

Prière

Sois favorable à tes fidèles, Seigneur, et multiplie les dons de ta grâce : entretiens en eux la foi, l'espérance et la charité, pour qu'ils soient attentifs à garder tes commandements. Par Jésus Christ… — *Amen.*

Lecture

de la lettre de saint Paul apôtre aux Colossiens (1, 21-23)

« Dieu vous a réconciliés avec lui »

Frères, vous étiez jadis étrangers à Dieu, et même ses ennemis, par vos pensées et vos actes mauvais. Mais maintenant, Dieu vous a réconciliés avec lui, dans le corps du Christ, son corps de chair, par sa mort, afin de vous introduire en sa présence, saints, immaculés, irréprochables. Cela se réalise si vous restez solidement fondés dans la foi, sans vous détourner de l'espérance que vous avez reçue en écoutant l'Évangile proclamé à toute créature sous le ciel. De cet Évangile, moi, Paul, je suis devenu ministre.

– Parole du Seigneur.

Psaume 53 (54)

℟ **Voici que Dieu vient à mon aide.**

Par ton nom, Dieu, sauve-moi,
par ta puissance rends-moi justice ;
Dieu, entends ma prière,
écoute les paroles de ma bouche. ℟

Voici que Dieu vient à mon aide,
le Seigneur est mon appui entre tous.
De grand cœur, je t'offrirai le sacrifice,
je rendrai grâce à ton nom, car il est bon ! ℟

Acclamation de l'Évangile

Alléluia. Alléluia. Moi, je suis le Chemin, la Vérité et la Vie, dit le Seigneur. Personne ne va vers le Père sans passer par moi. *Alléluia.*

Évangile de Jésus Christ

selon saint Luc (6, 1-5)

« Pourquoi faites-vous ce qui n'est pas permis le jour du sabbat ? »

Un jour de sabbat, Jésus traversait des champs ; ses disciples arrachaient des épis et les mangeaient, après les avoir froissés dans leurs mains. Quelques pharisiens dirent alors : « Pourquoi faites-vous ce qui n'est pas permis le jour du sabbat ? » Jésus leur répondit : « N'avez-vous pas lu ce que fit David un jour qu'il eut faim, lui-même et ceux qui l'accompagnaient ? Il entra dans la maison de Dieu, prit les pains de l'offrande, en mangea et en donna à ceux qui l'accompagnaient, alors que les prêtres seulement ont le droit d'en manger. » Il leur disait encore : « Le Fils de l'homme est maître du sabbat. »

Prière sur les offrandes

Dans l'unique et parfait sacrifice de la croix, tu as porté à leur achèvement, Seigneur, les sacrifices de l'ancienne loi ; reçois cette offrande des mains de tes fidèles et daigne la sanctifier comme tu as béni les présents d'Abel : que les dons offerts par chacun pour te glorifier servent au salut de tous. Par Jésus… — **Amen.**

Antienne de la communion

Le Seigneur a mis le comble
à son amour en nous laissant
le mémorial de ses merveilles ;
à ses amis, il a donné
le signe d'un repas qui leur rappelle
à jamais son alliance.
(cf. Ps 110, 4-5)

OU

« Voici que je me tiens à la porte
et je frappe, dit le Seigneur ;
si quelqu'un entend ma voix,
s'il m'ouvre, j'entrerai chez lui,
je prendrai mon repas avec lui,
et lui avec moi. »
(Ap 3, 20)

Prière après la communion
Dieu très bon, reste auprès de ton peuple, car sans toi notre vie tombe en ruine ; fais passer à une vie nouvelle ceux que tu as initiés aux sacrements de ton Royaume. Par Jésus… — **Amen.**

INVITATION

Dans le journal, je choisis un évènement de l'actualité pour lequel prier.

COMMENTAIRE

« Dieu vous a réconciliés avec lui »   Colossiens 1, 21-23

Se réconcilier avec l'autre ? Plus facile à dire qu'à vivre. Surtout si l'invitation à pardonner est prétexte à éluder une nécessaire justice. Se réconcilier prend du temps. Vient d'abord le constat des dommages résultant de la blessure. Puis le moment de retrouver l'amour du Père, tel le fils prodigue. Vient enfin le désir de se laisser accueillir, relever par le Christ, à la suite de publicains, d'aveugles, d'innombrables laissés-pour-compte. ■   *Père Thibault Van Den Driessche, assomptionniste*

Bienheureuse Vierge Marie

Couleur liturgique : blanc ou vert

Les samedis du temps ordinaire où il n'y a pas de mémoire obligatoire, on peut faire mémoire de la Vierge Marie, selon une tradition qui honore la foi et l'espérance sans défaut de Marie le Samedi saint.

Antienne d'ouverture

Bienheureuse es-tu, Vierge Marie :
tu as porté le Créateur de l'univers,
tu as mis au monde celui qui t'a faite,
et tu demeures toujours vierge.

Prière

Dieu plein de bonté, viens au secours de notre faiblesse : puisque nous faisons mémoire de la Vierge Marie, que son intercession nous aide à nous relever de nos fautes. Par Jésus Christ…
—**Amen.**

OU

Que vienne à notre aide, Seigneur, la prière maternelle de la bienheureuse Vierge Marie : qu'elle nous obtienne la joie de vivre dans ta paix, délivrés de tous les périls. Par Jésus Christ…
—**Amen.**

Prière sur les offrandes

En rendant hommage à la Mère de ton Fils, Seigneur, nous te supplions : que le sacrifice de cette eucharistie fasse de nous, dans ta bonté, une éternelle offrande à ta gloire. Par Jésus… —**Amen.**
Préface de la Vierge Marie, p. 208.

Antienne de la communion

« Le Puissant fit pour moi des merveilles ; Saint est son nom. » (Lc 1, 49)

Prière après la communion

Après avoir participé au sacrement qui nous libère, nous te prions, Seigneur : puisque nous célébrons la Mère de ton Fils, fais que nous soyons comblés de ta grâce et que nous éprouvions toujours davantage les effets de la Rédemption. Par Jésus… —**Amen**

« Il fait entendre les sourds et parler les muets »
Marc 7, 37

© Marion Duval

En guérissant un sourd-muet, Jésus réalise la promesse de Dieu : « Les oreilles des sourds s'ouvriront et la bouche du muet criera de joie » (cf. Is 35, 5. 6). Jésus se révèle comme le Messie. Oui, le salut est à notre porte. Afin que nous annoncions l'amour et la puissance de Dieu dans nos vies et dans le monde, il donne la parole à chacun et à chacune.

OUVERTURE DE LA CÉLÉBRATION

Chant d'entrée *(Suggestions p. 228)*
OU
Antienne d'ouverture
Tu es juste, Seigneur, et tes jugements sont droits :
agis pour ton serviteur selon ton amour,
enseigne-moi tes volontés. (Ps 118, 137. 124)

Suggestion de préparation pénitentielle *(ou p. 201)*
Le Seigneur désire ouvrir nos oreilles et notre bouche. Implorons sa
miséricorde et accueillons son pardon.

Seigneur Jésus, tu ouvres les yeux des aveugles, tu redresses les
accablés. Kyrie eleison.
— *Kyrie eleison.*
Ô Christ, tu protèges l'étranger, tu délies les enchaînés. Christe
eleison.
— *Christe eleison.*
Seigneur, tu guéris nos yeux et nos oreilles, tu les ouvres à la joie
de croire. Kyrie eleison.
— *Kyrie eleison.*
Que Dieu tout-puissant nous fasse miséricorde ; qu'il nous pardonne
nos péchés et nous conduise à la vie éternelle. — *Amen.*

Gloire à Dieu (p. 202)

Prière

Dieu qui as envoyé ton Fils pour nous sauver et pour faire de nous tes enfants d'adoption, regarde avec bonté ceux que tu aimes comme un père ; puisque nous croyons au Christ, accorde-nous la vraie liberté et la vie éternelle. Par Jésus Christ… — **Amen.**

LITURGIE DE LA PAROLE

Lecture du livre du prophète Isaïe (35, 4-7a)

*« Alors s'ouvriront les oreilles des sourds
et la bouche du muet criera de joie »*

Dites aux gens qui s'affolent : « Soyez forts, ne craignez pas. Voici votre Dieu : c'est la vengeance qui vient, la revanche de Dieu. Il vient lui-même et va vous sauver. » Alors se dessilleront les yeux des aveugles, et s'ouvriront les oreilles des sourds. Alors le boiteux bondira comme un cerf, et la bouche du muet criera de joie ; car l'eau jaillira dans le désert, des torrents dans le pays aride. La terre brûlante se changera en lac, la région de la soif, en eaux jaillissantes.
– Parole du Seigneur.

Psaume 145 (146)

℟ **Je veux louer le Seigneur, tant que je vis.**
OU **Alléluia !**

Je veux lou-er le Sei-gneur, tant que je vis.

T. : AELF ; M. : A. Gouzes ; Éd. : Bayard.

Le Seigneur garde à jamais sa fidélité,
il fait justice aux opprimés,
aux affamés, il donne le pain ;
le Seigneur délie les enchaînés. ℟

Le Seigneur ouvre les yeux des aveugles,
le Seigneur redresse les accablés,
le Seigneur aime les justes,
le Seigneur protège l'étranger. ℟

Retrouvez
ce psaume sur le CD
"Les psaumes
de l'année B"

Il soutient la veuve et l'orphelin,
il égare les pas du méchant.
D'âge en âge, le Seigneur régnera :
ton Dieu, ô Sion, pour toujours ! ℟

Lecture de la lettre de saint Jacques (2, 1-5)

« Dieu n'a-t-il pas choisi ceux qui sont pauvres pour en faire
des héritiers du Royaume ? »

Mes frères, dans votre foi en Jésus Christ, notre Seigneur de gloire, n'ayez aucune partialité envers les personnes. Imaginons que, dans votre assemblée, arrivent en même temps un homme au vêtement rutilant, portant une bague en or, et un pauvre au vêtement sale. Vous tournez vos regards vers celui qui porte le vêtement rutilant et vous lui dites : « Assieds-toi ici, en bonne place » ; et vous dites au pauvre : « Toi, reste là debout », ou bien : « Assieds-toi au bas de mon marchepied. » Cela, n'est-ce pas faire des différences entre vous, et juger selon de faux critères ? Écoutez donc, mes frères bien-aimés ! Dieu, lui, n'a-t-il pas choisi ceux qui sont pauvres aux yeux du monde pour en faire des riches dans la foi, et des héritiers du Royaume promis par lui à ceux qui l'auront aimé ?

– Parole du Seigneur.

DIMANCHE 5 SEPTEMBRE 2021

Acclamation de l'Évangile

Alléluia. Alléluia. Jésus proclamait l'Évangile du Royaume et guérissait toute maladie dans le peuple. ***Alléluia.***

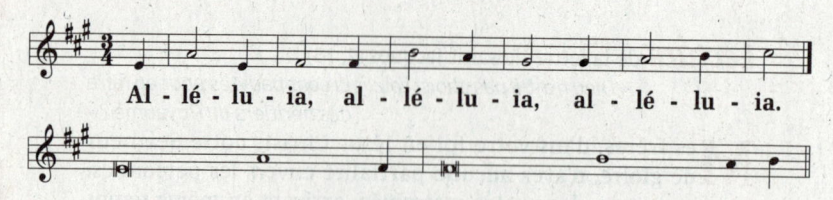

Al - lé - lu - ia, al - lé - lu - ia, al - lé - lu - ia.

Alléluia USC 431 ; Union Sainte-Cécile ; M. : J. : Roucairol ; Psalmodie : P. Robert.

Évangile de Jésus Christ selon saint Marc (7, 31-37)

« Il fait entendre les sourds et parler les muets »

En ce temps-là, Jésus quitta le territoire de Tyr ; passant par Sidon, il prit la direction de la mer de Galilée et alla en plein territoire de la Décapole. Des gens lui amènent un sourd qui avait aussi de la difficulté à parler, et supplient Jésus de poser la main sur lui. Jésus l'emmena à l'écart, loin de la foule, lui mit les doigts dans les oreilles, et, avec sa salive, lui toucha la langue. Puis, les yeux levés au ciel, il soupira et lui dit : « *Effata !* », c'est-à-dire : « Ouvre-toi ! » Ses oreilles s'ouvrirent ; sa langue se délia, et il parlait correctement. Alors Jésus leur ordonna de n'en rien dire à personne ;

mais plus il leur donnait cet ordre, plus ceux-ci le proclamaient. Extrêmement frappés, ils disaient : « Il a bien fait toutes choses : il fait entendre les sourds et parler les muets. »

Homélie

Profession de foi (p. 203)

Suggestion de prière universelle

Le prêtre
Prions Dieu notre Père. En toute confiance, présentons-lui notre prière.

℟ *Oh ! Seigneur, en ce jour, écoute nos prières.*

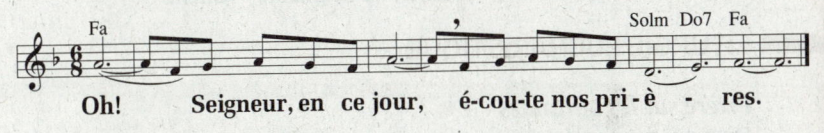

P 95, ADF © Studio SM; T. : et M. : R. Fau.

Le diacre ou un lecteur :

« Effata, ouvre-toi. » Pour les catéchumènes et leurs accompagnateurs, qui s'engagent en cette nouvelle année pastorale, prions le Seigneur. ℟

Les dirigeants des affaires publiques ont besoin de notre prière. Pour qu'ils exercent leurs responsabilités en valorisant toute personne, prions le Seigneur. ℟

Le pape François nous invite à prier avec lui. Pour que nos contemporains fassent des choix courageux en faveur d'un style de vie sobre et durable, prions le Seigneur. ℟

On amène à Jésus un sourd-muet. Pour que notre assemblée sache, avec persévérance, conduire les pauvres et les malades à Jésus, prions le Seigneur. ℟

(Ces intentions seront adaptées ou modifiées selon les circonstances.)

Le prêtre :

Seigneur notre Dieu, toi qui ouvres les yeux des aveugles et fais parler les muets, entends la prière que nous t'adressons en ce jour. Nous te le demandons par Jésus le Christ, notre Seigneur. — *Amen.*

LITURGIE EUCHARISTIQUE

Prière sur les offrandes

Dieu qui donnes la grâce de te servir avec droiture et de chercher la paix, fais que cette offrande puisse te glorifier, et que notre participation à l'eucharistie renforce les liens de notre unité. Par Jésus…
— *Amen.*

Prière eucharistique (Préface des dimanches, p. 207)

Chant de communion (Suggestions p. 228)

OU

Antienne de la communion

Comme une biche languit après l'eau vive,
ainsi mon âme languit vers toi, mon Dieu.
Mon âme a soif de Dieu, du Dieu vivant.

(Ps 41, 2-3)

OU

« Je suis la lumière du monde, dit le Seigneur,
celui qui me suit ne marchera pas dans les ténèbres :
il aura la lumière de la vie. »

(Jn 8, 12)

Prière après la communion

Par ta parole et par ton pain, Seigneur, tu nourris et fortifies tes
fidèles : accorde-nous de si bien profiter de ces dons que nous soyons
associés pour toujours à la vie de ton Fils. Lui qui…

— Amen.

CONCLUSION DE LA CÉLÉBRATION

Bénédiction

Envoi

COMMENTAIRE DU DIMANCHE
Père Vincent Leclercq, assomptionniste

Écoute et parle

Apprendre à écouter, à exprimer ce que l'on ressent, s'initier à l'art oratoire… Les propositions abondent. Nous avons tant besoin de comprendre l'autre et de nous faire comprendre. Au travail, en famille, en paroisse ou en communauté, savoir échanger enrichit l'amitié et permet de savourer notre fraternité.

Nous sommes le peuple que Dieu rassemble. Mais nous venons d'horizons différents. Il nous arrive d'être durs d'oreille et maladroits dans nos paroles. En cas de conflit, certains cessent même d'écouter ou ne savent plus quoi dire. Par la guérison de ce sourd-muet, l'Évangile nous guide. Jésus commence par lever les yeux au ciel. Avec confiance, il remet toute situation difficile entre les mains du Père. Puis il soupire. Loin de s'irriter contre nous, ce souffle de Jésus nous rejoint dans ce que nous avons tant de mal à entendre ou à exprimer. Il dit : « Effata ! Ouvre-toi. » Avant d'être un commandement, cette unique parole du Christ exprime son désir pour chacun de nous.

Qu'il nous donne d'écouter plus que nous ne voulons entendre. Qu'il mette sur notre chemin ceux et celles qui nous offriront davantage que nous ne voulons recevoir. Le Christ est venu nous libérer de tout ce qui nous sépare les uns des autres et nous éloigne encore du Père. L'Évangile nous donne la joie de vivre avec Jésus à chaque instant. À nous d'entendre et d'annoncer sa parole quelle que soit la situation.

Aujourd'hui, Jésus prend le temps d'ouvrir mon cœur. L'Évangile m'aide-t-il à mieux écouter mon entourage ?

Lorsque je ne sais plus quoi dire, Jésus souffle-t-il à mon oreille les mots qui feront du bien à l'autre ? ∎

LIRE L'ÉVANGILE AVEC LES ENFANTS

CE QUE JE DÉCOUVRE

Pour guérir le sourd-muet qu'on lui présente, Jésus lui déclare : **« Effata ! »** Ce mot est en araméen, la langue de Jésus. Il veut dire : **« Ouvre-toi ! »** Aussitôt l'homme est guéri. Parfois, nous n'entendons pas la voix de Dieu, au plus profond de nous. Cette voix nous dit pourtant : **« Ouvre ton cœur, sois dans la joie, car je t'aime. »** Dieu veut que nous soyons heureux. Dans le silence de notre prière, il ouvre les oreilles de notre cœur et nous dit : « Tu comptes beaucoup à mes yeux. »

CE QUE JE VIS

As-tu déjà fait semblant de ne pas entendre tes parents, la maîtresse ?
Quelles paroles de Jésus t'aident à ouvrir ton cœur ?
Avec ton pouce, fais un beau signe de croix sur tes oreilles et dit : « Seigneur, que j'entende combien tu m'aimes. »

Texte : P. Thibault Van Den Driessche. Illustrations : Marcelino Truong.

MÉDITATION BIBLIQUE
23ᴱ DIMANCHE DU TEMPS ORDINAIRE
Évangile selon saint Marc 7, 31-37

Se laisser conduire à l'écart

Quel Dieu annonçons-nous, quel Dieu prions-nous ? Celui qui vient à nous comme présence toujours offerte, « le Chemin, la Vérité et la Vie », le Verbe qui nous invite à entrer en alliance ou l'idole que nous nous sommes forgée à notre image ?

Le temps de la préparation

« Tu as ouvert mes oreilles […], alors j'ai dit : "Voici, je viens." »
Ps 39 (40), 7. 8

Le temps de l'observation

Le récit de guérison lu aujourd'hui fait écho à plusieurs textes de l'Ancien Testament. L'exclamation de la foule ou des disciples – « Il a bien fait toutes choses » – peut être mise en relation avec le regard que Dieu porte sur sa création : « Cela était très bon » (cf. Gn 1). De même l'injonction « ouvre-toi », suivie de la libération de la parole, peut faire signe vers la geste de l'Exode où se succèdent l'ouverture de la mer, la libération et le don de la Loi. Autant dire que la guérison opérée par Jésus peut se lire comme la ...

...figure du rétablissement de l'homme dans sa capacité d'écoute originelle, aujourd'hui altérée. Or l'écoute est primordiale dans la Bible – « Écoute Israël » (Dt 6, 4). Elle prend le pas sur la vision associée à la convoitise, au désir de s'approprier le créé (cf. Gn 3). Et comment parler « correctement » à Dieu et de lui s'il n'est pas écouté – de cette écoute qui transforme chacun en partenaire de l'Alliance ?

Le temps de la méditation

Laissons-nous conduire à l'écart et toucher par le Christ, par sa parole qui nous guérit et nous recrée. Ce qui suppose de sortir du brouhaha qui nous entoure ou que nous générons nous-mêmes, de prendre conscience également de ce qui entrave notre écoute, de ce que nous ne pouvons ou ne voulons pas entendre et qui nous rive à des idoles, des vérités partielles ou fausses. Il n'est pas indifférent que la guérison survienne en ce territoire païen et idolâtre de la Décapole. Mal entendre suppose des malentendus. Ceux-là mêmes que Jésus voudrait prévenir en imposant le silence. Nous ne pouvons parler de lui comme d'un « faiseur de miracles » au service de nos besoins matériels ou spirituels. Marc ne va cesser de nous montrer les multiples aspects de ce malentendu avec les disciples, non pour nous culpabiliser mais pour nous éveiller au danger et nous recentrer sur la Parole qui nous incite à toujours avancer.

Le temps de la prière

« Je veux chanter au Seigneur tant que je vis. »
Ps 103 (104), 33 ∎

Sœur Emmanuelle Billoteau,
ermite

TEMPS POUR LA CRÉATION

L'ÉVÉNEMENT
DU 1ER SEPTEMBRE AU 4 OCTOBRE

Prendre soin de la Terre

À partir du 1er de ce mois-ci, les chrétiens du monde entier sont invités à célébrer la Création à travers des temps de prière et d'actions en faveur de la maison commune.

La boutique *Passeur de sapes*, Montmorency (95).

Photo : Emeric Dupont

«**U**ne maison pour tous ? Renouveler l'Oikos de Dieu », voilà le thème du Temps de la Création cette année. Une invitation à prendre soin de la Terre, notre maison – « oikos » en grec – et de tous ses habitants, ainsi que des animaux et des végétaux. Ces multiples défis, les paroissiens de Montmorency et de Groslay (95) les ont pris à bras-le-corps depuis 2018. C'est d'abord la fondation d'un tiers lieu écologique, Le Sept, qui ...

5 - 11

...fourmille d'initiatives : potager partagé, auquel les cinquante migrants du foyer voisin mettent la main à la terre, troc de graines, réparation de vélo, formations à la biodiversité et, depuis janvier, *Passeurs de sapes,* une boutique de vêtements de seconde main. « La moitié des personnes que le Sept accueille ne sont pas cathos. Ce genre d'initiatives contribue à changer le visage de l'Église », se réjouit le curé, le père Émeric Dupont. Lors de certaines célébrations dominicales axées sur la Création, après la bénédiction finale, des animaux abandonnés sont proposés à l'adoption. Enfin, les paroissiens animent la fraternité Notre-Dame-des-Forêts qui propose des méditations, réflexions, prières en ligne, mais aussi des retraites et des récollections de ressourcement spirituel et de développement personnel, des messes en pleine nature et des actions au service de l'environnement. ■

Père Thibault Van Den Driessche,
assomptionniste

REPÈRES

• Les propositions de la **fraternité Notre-Dame-des-Forêts** sont accessibles à cette adresse : notredamedesforets.mystrikingly.com

• **Différents outils pédagogiques** sont proposés, dont une affiche et l'atelier « La fresque du climat » destiné à informer le grand public sur le dérèglement climatique : www.egliseverte.org

5-11

Antienne d'ouverture

Adorons Dieu dans sa sainte demeure ;
il fait habiter les siens tous ensemble dans sa maison ;
c'est lui qui donne force et puissance à son peuple.

(Ps 67, 6-7. 36)

Prière

Tu protèges, Seigneur, ceux qui comptent sur toi ; sans toi rien n'est fort et rien n'est saint : multiplie pour nous tes gestes de miséricorde afin que, sous ta conduite, en faisant un bon usage des biens qui passent, nous puissions déjà nous attacher à ceux qui demeurent. Par Jésus Christ… — *Amen.*

Lecture

de la lettre de saint Paul apôtre aux Colossiens (1, 24 – 2, 3)

> *« De cette Église, je suis devenu ministre,*
> *pour annoncer le mystère qui était caché depuis toujours »*

Frères, maintenant je trouve la joie dans les souffrances que je supporte pour vous ; ce qui reste à souffrir des épreuves du Christ dans ma propre chair, je l'accomplis pour son corps qui est l'Église. De cette Église, je suis devenu ministre, et la mission que Dieu m'a confiée, c'est de mener à bien pour vous l'annonce de sa parole, le mystère qui était caché depuis toujours à toutes les générations, mais qui maintenant a été manifesté à ceux qu'il a sanctifiés. Car Dieu a bien voulu leur faire connaître en quoi consiste la gloire sans prix de ce mystère parmi toutes les nations : le Christ est parmi vous, lui, l'espérance de la gloire !

Ce Christ, nous l'annonçons : nous avertissons tout homme, nous instruisons chacun en toute sagesse, afin de l'amener à sa perfection dans le Christ. C'est pour cela que je m'épuise à combattre, avec la force du Christ dont la puissance agit en moi. Je veux en effet que vous sachiez quel dur combat je mène pour vous, et aussi pour les fidèles de Laodicée et pour tant d'autres qui ne m'ont jamais vu personnellement. Je combats pour que leurs cœurs soient remplis de courage et pour que, rassemblés dans l'amour, ils accèdent à la plénitude de l'intelligence dans toute sa richesse, et à la vraie connaissance du mystère de Dieu. Ce mystère, c'est le Christ, en qui se trouvent cachés tous les trésors de la sagesse et de la connaissance.

– Parole du Seigneur.

Psaume 61 (62)

℟ *En Dieu, mon salut et ma gloire !*

Je n'ai mon repos qu'en Dieu seul ;
oui, mon espoir vient de lui.
Lui seul est mon rocher, mon salut,
ma citadelle : je reste inébranlable. ℟

Comptez sur lui en tous temps,
vous, le peuple.
Devant lui épanchez votre cœur :
Dieu est pour nous un refuge. ℟

Acclamation de l'Évangile

Alléluia. Alléluia. Mes brebis écoutent ma voix, dit le Seigneur ; moi, je les connais, et elles me suivent. ***Alléluia.***

Évangile de Jésus Christ

selon saint Luc (6, 6-11)

« Ils observaient Jésus pour voir s'il ferait une guérison le jour du sabbat »

Un jour de sabbat, Jésus était entré dans la synagogue et enseignait. Il y avait là un homme dont la main droite était desséchée. Les scribes et les pharisiens observaient Jésus pour voir s'il ferait une guérison le jour du sabbat ; ils auraient ainsi un motif pour l'accuser. Mais lui connaissait leurs raisonnements, et il dit à l'homme qui avait la main desséchée : « Lève-toi, et tiens-toi debout, là au milieu. »

L'homme se dressa et se tint debout. Jésus leur dit : « Je vous le demande : Est-il permis, le jour du sabbat, de faire le bien ou de faire le mal ? de sauver une vie ou de la perdre ? » Alors, promenant son regard sur eux tous, il dit à l'homme : « Étends la main. » Il le fit, et sa main redevint normale. Quant à eux, ils furent remplis de fureur et ils discutaient entre eux sur ce qu'ils feraient à Jésus.

Prière sur les offrandes

Accepte, Seigneur, ces offrandes prélevées pour toi sur tes propres largesses ; que ces mystères très saints, où ta grâce opère avec puissance, sanctifient notre vie de tous les jours et nous conduisent aux joies éternelles. Par Jésus…

— *Amen.*

LUNDI 6 SEPTEMBRE 2021

INVITATION

Même un jour de sabbat, Jésus aurait-il pu ne pas faire le bien ?
Je me souviens qu'en tout temps, je suis appelé à soutenir les autres.

COMMENTAIRE

Combattre avec la force du Christ

Colossiens 1, 24 – 2, 3

La thématique du combat est très présente chez Paul. Un combat motivé par l'événement Jésus Christ qui marque une césure dans l'histoire du salut et dans nos histoires personnelles, ainsi que par le souci de partager la Bonne Nouvelle. S'investir dans le bon combat de la foi suppose d'avoir expérimenté que le Christ est parmi nous et d'avoir compris qu'il vaut la peine de faire des choix très concrets pour vivre de sa sagesse et accueillir son œuvre de sanctification. ∎

Sœur Emmanuelle Billoteau, ermite

Temps ordinaire, *suggestion d'oraisons et d'antiennes nᵒ 18*

5 - 11

Antienne d'ouverture

**Viens me délivrer, Seigneur, Dieu, viens vite à mon secours :
tu es mon aide et mon libérateur, Seigneur, ne tarde pas.**

(Ps 69, 2. 6)

Prière

Assiste tes enfants, Seigneur, et montre à ceux qui t'implorent ton inépuisable bonté ; c'est leur fierté de t'avoir pour Créateur et Providence : restaure pour eux ta création, et l'ayant renouvelée, protège-la. Par Jésus Christ… — *Amen.*

Lecture

de la lettre de saint Paul apôtre aux Colossiens (2, 6-15)

« Dieu vous a donné la vie avec le Christ : il nous a pardonné toutes nos fautes »

F rères, menez votre vie dans le Christ Jésus, le Seigneur, tel que vous l'avez reçu. Soyez enracinés, édifiés en lui, restez fermes dans la foi, comme on vous l'a enseigné ; soyez débordants d'action de grâce. Prenez garde à ceux qui veulent faire de vous leur proie par une philosophie vide et trompeuse, fondée sur la tradition des hommes, sur les forces qui régissent le monde, et non pas sur le Christ. Car en lui, dans son propre corps, habite toute la plénitude de la divinité. En lui, vous êtes

pleinement comblés, car il domine toutes les Puissances de l'univers. En lui, vous avez reçu une circoncision qui n'est pas celle que pratiquent les hommes, mais celle qui réalise l'entier dépouillement de votre corps de chair* ; telle est la circoncision qui vient du Christ. Dans le baptême, vous avez été mis au tombeau avec lui et vous êtes ressuscités avec lui par la foi en la force de Dieu qui l'a ressuscité d'entre les morts. Vous étiez des morts, parce que vous aviez commis des fautes et n'aviez pas reçu de circoncision dans votre chair. Mais Dieu vous a donné la vie avec le Christ : il nous a pardonné toutes nos fautes. Il a effacé le billet de la dette qui nous accablait en raison des prescriptions légales pesant sur nous : il l'a annulé en le clouant à la croix. Ainsi, Dieu a dépouillé les Puissances de l'univers ; il les a publiquement données en spectacle et les a traînées dans le cortège triomphal du Christ.
– Parole du Seigneur.

Psaume 144 (145)

℟ **La bonté du Seigneur est pour tous.**

Je t'exalterai, mon Dieu, mon Roi,
je bénirai ton nom toujours et à jamais !
Chaque jour je te bénirai,
je louerai ton nom toujours et à jamais. ℟

Le Seigneur est tendresse et pitié,
lent à la colère et plein d'amour ;
la bonté du Seigneur est pour tous,
sa tendresse, pour toutes ses œuvres. ℟

Que tes œuvres, Seigneur, te rendent grâce
et que tes fidèles te bénissent !
Ils diront la gloire de ton règne,
ils parleront de tes exploits. ℟

Acclamation de l'Évangile

Alléluia. Alléluia. C'est moi qui vous ai choisis, afin que vous alliez, que vous portiez du fruit, et que votre fruit demeure, dit le Seigneur. ***Alléluia.***

Évangile de Jésus Christ

selon saint Luc (6, 12-19)

« Il passa toute la nuit à prier Dieu. Il appela ses disciples et en choisit douze auxquels il donna le nom d'Apôtres »

En ces jours-là, Jésus s'en alla dans la montagne pour prier, et il passa toute la nuit à prier Dieu. Le jour venu, il appela ses disciples et en choisit douze auxquels il donna le nom d'Apôtres : Simon, auquel il donna le nom de Pierre, André son frère, Jacques, Jean, Philippe, Barthélemy, Matthieu, Thomas, Jacques fils d'Alphée, Simon appelé le Zélote, Jude fils de Jacques, et Judas Iscariote, qui devint un traître. Jésus descendit de la montagne avec eux et s'arrêta sur un terrain plat. Il y avait là un grand nombre de ses disciples et une grande multitude de gens venus de toute la Judée, de Jérusalem, et du littoral de Tyr et de Sidon. Ils étaient venus l'entendre et se faire guérir de leurs maladies ; ceux qui étaient tourmentés par des esprits impurs retrouvaient la santé. Et toute la foule cherchait à le toucher, parce qu'une force sortait de lui et les guérissait tous.

MARDI 7 SEPTEMBRE 2021

Prière sur les offrandes
Dans ta bonté, Seigneur, sanctifie ces dons ; accepte le sacrifice spirituel de cette eucharistie, et fais de nous-mêmes une éternelle offrande à ta gloire. Par Jésus…
— **Amen.**

Antienne de la communion
« Je suis le pain de la vie,
dit le Seigneur, celui qui vient à moi
n'aura plus jamais faim, celui qui
croit en moi n'aura plus jamais soif. »
(Jn 6, 35)
OU
Tu nous donnes, Seigneur,
la vraie manne, ce pain venu du ciel
qui comble tous les désirs.
(Sg 16, 20)

Prière après la communion
Seigneur, entoure d'une constante protection ceux que tu as renouvelés par le pain du ciel ; puisque tu ne cesses de les réconforter, rends-les dignes de l'éternel salut. Par Jésus… — **Amen.**

INVITATION
Lent à la colère et plein d'amour, le Seigneur a fait de moi son apôtre.
Je fais en sorte de garder cette pensée tout au long de ma journée.

COMMENTAIRE

Dans, en, avec   Colossiens 2, 6-15

«Dans le Christ», «en lui», «avec lui»: Paul nous recentre sur celui en «qui habite toute la plénitude de la divinité». C'est en tant qu'il est Dieu et homme que nous confessons Jésus Christ comme notre Seigneur. Une foi qui se trouve sans cesse menacée par notre raison raisonnante, par l'air du temps... Il s'agit donc de «tenir ferme» ce que nous recevons de l'Évangile, de l'Église. N'est-ce pas ainsi que nous pouvons le reconnaître quand il fait irruption dans nos vies? ■

Sœur Emmanuelle Billoteau, ermite

✽ CLÉ DE LECTURE

«Dépouillement de votre corps de chair»   Colossiens 2, 11 *(p. 52)*

Disciple de Paul, l'auteur médite sur l'enseignement de la lettre aux Romains: le baptême est une plongée dans la vie et la mort du Christ pour participer un jour à sa résurrection (cf. Rm 6). Mais il va plus loin: il ose dire que les baptisés sont ressuscités avec le Christ car déjà nés à une vie nouvelle. Il évoque alors le baptême comme circoncision, non pas du prépuce mais du corps de chair tout entier. Paradoxalement, ce «dépouillement du corps de chair» correspond à la «circoncision du cœur» reconnue par Paul à la suite de Jérémie. Car il ne s'agit pas de fuir ou de mortifier ce corps mais de laisser la force de l'Esprit du Christ le transfigurer. Se laisser conformer corporellement à celui qui a donné sa vie pour que tous vivent dans le pardon et l'amour. ■

Roselyne Dupont-Roc, bibliste

Antienne d'ouverture

**Célébrons dans la joie la naissance de la Vierge Marie :
par elle nous est venu le Soleil de justice, le Christ notre Dieu.**

Gloire à Dieu (p. 202)

Prière

Ouvre à tes serviteurs, Dieu très bon, tes richesses de grâce ; puisque la maternité de la Vierge Marie fut pour nous le commencement du salut, que la fête de sa nativité nous apporte un surcroît de paix. Par Jésus Christ… — ***Amen.***

Lectures propres à la fête de la Nativité de la Vierge Marie.

Lecture

de la lettre de saint Paul apôtre aux Romains (8, 28-30)

> *« Ceux que, d'avance, Dieu connaissait, il les a aussi destinés d'avance »*

Frères, nous le savons, quand les hommes aiment Dieu, lui-même fait tout contribuer à leur bien, puisqu'ils sont appelés selon le dessein de son amour. Ceux que, d'avance, il connaissait, il les a aussi destinés d'avance à être configurés à l'image de son Fils, pour que ce Fils soit le premier-né* d'une multitude de frères. Ceux qu'il avait destinés d'avance, il les a aussi appelés ; ceux qu'il a appelés, il en a fait des justes ; et ceux qu'il a rendus justes, il leur a donné sa gloire. – Parole du Seigneur.

On peut aussi lire Michée 5, 1-4a.

Psaume 12 (13)

℟ **J'exulterai de joie en Dieu, mon Seigneur.**

Moi, je prends appui sur ton amour ;
que mon cœur ait la joie de ton salut ! ℟

Je chanterai le Seigneur
pour le bien qu'il m'a fait. ℟

Acclamation de l'Évangile

Alléluia. Alléluia. Heureuse es-tu, sainte Vierge Marie, tu es digne de toute louange : de toi s'est levé le soleil de justice, le Christ notre Dieu. **Alléluia.**

Évangile de Jésus Christ

selon saint Matthieu (1, 1-16. 18-23)

Lecture brève : 1, 18-23

« L'enfant qui est engendré en elle vient de l'Esprit Saint »

Généalogie de Jésus, Christ, fils de David, fils d'Abraham.
Abraham engendra Isaac, Isaac engendra Jacob, Jacob engendra Juda et ses frères, Juda, de son union avec Thamar, engendra Pharès et Zara, Pharès engendra Esrom, Esrom engendra Aram, Aram engendra Aminadab, Aminadab engendra Naassone, Naassone engendra Salmone, Salmone, de son union avec Rahab, engendra Booz, Booz,

de son union avec Ruth, engendra Jobed, Jobed engendra Jessé, Jessé engendra le roi David.

David, de son union avec la femme d'Ourias, engendra Salomon, Salomon engendra Roboam, Roboam engendra Abia, Abia engendra Asa, Asa engendra Josaphat, Josaphat engendra Joram, Joram engendra Ozias, Ozias engendra Joatham, Joatham engendra Acaz, Acaz engendra Ézékias, Ézékias engendra Manassé, Manassé engendra Amone, Amone engendra Josias, Josias engendra Jékonias et ses frères à l'époque de l'exil à Babylone.

Après l'exil à Babylone, Jékonias engendra Salathiel, Salathiel engendra Zorobabel, Zorobabel engendra Abioud, Abioud engendra Éliakim, Éliakim engendra Azor, Azor engendra Sadok, Sadok engendra Akim, Akim engendra Élioud, Élioud engendra Éléazar, Éléazar engendra Mattane, Mattane engendra Jacob, Jacob engendra Joseph, l'époux de Marie, de laquelle fut engendré Jésus, que l'on appelle Christ.

Début de la lecture brève

Voici comment fut engendré Jésus Christ : Marie, sa mère, avait été accordée en mariage à Joseph ; avant qu'ils aient habité ensemble, elle fut enceinte par l'action de l'Esprit Saint. Joseph, son époux, qui était un homme juste, et ne voulait pas la dénoncer publiquement, décida de la renvoyer en secret. Comme il avait formé ce projet, voici que l'ange du Seigneur lui apparut en songe et lui dit : « Joseph, fils de David, ne crains pas de prendre chez toi Marie, ton épouse, puisque l'enfant qui est en elle vient de l'Esprit Saint ; elle enfantera un fils, et tu lui donneras le nom de Jésus (c'est-à-dire : Le-Seigneur-sauve), car c'est lui qui sauvera son peuple de ses péchés. »

Tout cela est arrivé pour que soit accomplie la parole du Seigneur prononcée par le prophète : *Voici que la Vierge concevra, et elle enfantera un fils ; on lui donnera le nom d'Emmanuel, qui se traduit : « Dieu-avec-nous ».*

Prière sur les offrandes

Dans son amour pour les hommes, que ton Fils unique vienne à notre secours, Seigneur : puisque sa naissance n'a pas altéré mais a consacré la virginité de sa mère, qu'il nous délivre aujourd'hui de nos péchés et te rende agréable cette offrande. Lui qui… — *Amen.*

Préface de la Vierge Marie, p. 208.

Antienne de la communion

Voici que la Vierge enfantera un fils ; c'est lui qui sauvera son peuple de ses péchés.

(Is 7, 14 ; Mt 1, 21)

Prière après la communion

Par cette communion, Seigneur, tu refais les forces de ton Église ; donne-lui d'exulter de joie, heureuse de la nativité de la Vierge Marie qui fit lever sur le monde l'espérance et l'aurore du salut. Par Jésus… — *Amen.*

INVITATION

En cette fête de la naissance de Marie, je peux prier le chapelet de Lourdes en le regardant en direct à 15 h 30 sur le site du sanctuaire ou en l'écoutant sur RCF.

MERCREDI 8 SEPTEMBRE 2021

Dieu Rédempteur
Matthieu 1, 1-16. 18-23

Les textes nous invitent à contempler la fidélité de Dieu à son dessein de salut sur Israël et sur le monde. Nous reconnaissons en Jésus, « Dieu-avec-nous », celui qui « sera paix » et « sauvera son peuple de ses péchés ». Car « Dieu lui-même fait tout contribuer au bien » de ceux « qui l'aiment ». Nous rejoignons ici ce chant de la veillée pascale : « Heureuse faute qui nous valut un tel Rédempteur. » De quoi nous laisser toucher par ce Dieu qui veut nous faire partager sa vie en plénitude. ■

Sœur Emmanuelle Billoteau, ermite

✣ CLÉ DE LECTURE

« Premier-né »
Romains 8, 29 *(p. 56)*

L'adjectif grec « prôtotokos » signifie « premier-né » : Jésus ressuscité est l'aîné d'une multitude de frères. Et nous sommes tous ses frères et sœurs en humanité. Pour Paul, la résurrection de Jésus a inauguré une création nouvelle, et désormais la force de la résurrection, victorieuse de la mort et du Mal, travaille notre humanité fragile. Entré dans la plénitude de la vie et de l'amour du Père, Jésus entraîne à sa suite tous les êtres humains. Tous désormais, partageant son Esprit filial, sont invités à se reconnaître fils et filles aimés de Dieu, frères et sœurs entre eux, à la suite de celui qui leur a ouvert la voie. Dieu a créé l'homme à son image et c'est l'image parfaite de Dieu, Jésus le Fils, que les humains sont tous appelés à rejoindre. ■

Roselyne Dupont-Roc, bibliste

Temps ordinaire, *suggestion d'oraisons et d'antiennes nº 19*
ou **saint Pierre Claver,** *voir p. 66, ou* **bienheureux Frédéric Ozanam**

Antienne d'ouverture

Souviens-toi, Seigneur, de ton alliance,
n'oublie pas plus longtemps les pauvres de ton peuple :
lève-toi, Seigneur, défends ta cause,
n'oublie pas le cri de ceux qui te cherchent.

(Ps 73, 20. 19, 22. 23)

Prière

Dieu éternel et tout-puissant, toi que nous pouvons déjà appeler notre Père, fais grandir en nos cœurs l'esprit filial, afin que nous soyons capables d'entrer un jour dans l'héritage qui nous est promis. Par Jésus Christ… — **Amen.**

Lecture

de la lettre de saint Paul apôtre aux Colossiens (3, 12-17)

« Ayez l'amour, qui est le lien le plus parfait »

Frères, puisque vous avez été choisis par Dieu, que vous êtes sanctifiés, aimés par lui, revêtez-vous de tendresse et de compassion, de bonté, d'humilité, de douceur et de patience. Supportez-vous les uns les autres, et pardonnez-vous mutuellement si vous avez des reproches à vous faire. Le Seigneur vous a pardonné : faites de même. Par-dessus tout cela, ayez l'amour, qui est le lien le plus parfait. Et que, dans vos cœurs, règne la paix du Christ à laquelle vous avez été appelés, vous qui formez un seul corps. Vivez dans l'action de grâce. Que la parole du Christ habite en vous dans toute sa richesse ; instruisez-vous et reprenez-vous les uns les autres en toute sagesse ; par des psaumes, des hymnes et des chants inspirés, chantez à Dieu, dans vos cœurs, votre reconnaissance. Et tout ce que vous dites, tout ce que vous faites, que ce soit toujours au nom du Seigneur Jésus, en offrant par lui votre action de grâce à Dieu le Père.

– Parole du Seigneur.

Psaume 150

℟ *Que tout être vivant chante louange au Seigneur !*
OU *Alléluia !*

Louez Dieu dans son temple saint,
louez-le au ciel de sa puissance ;
louez-le pour ses actions éclatantes,
louez-le selon sa grandeur ! ℟

Louez-le en sonnant du cor,
louez-le sur la harpe et la cithare ;
louez-le par les cordes et les flûtes,
louez-le par la danse et le tambour ! ℟

Louez-le par les cymbales sonores,
louez-le par les cymbales triomphantes !
Et que tout être vivant
chante louange au Seigneur ! ℟

Acclamation de l'Évangile

Alléluia. Alléluia. Si nous nous aimons les uns les autres, Dieu demeure en nous, et, en nous son amour atteint la perfection. ***Alléluia.***

Évangile de Jésus Christ

selon saint Luc (6, 27-38)

« Soyez miséricordieux comme votre Père est miséricordieux »

En ce temps-là, Jésus déclarait à ses disciples : « Je vous le dis, à vous qui m'écoutez : Aimez vos ennemis, faites du bien à ceux qui vous haïssent. Souhaitez du bien à ceux qui vous maudissent, priez pour ceux qui vous calomnient. À celui qui te frappe sur une joue, présente l'autre joue. À celui qui te prend ton manteau, ne refuse pas ta tunique. Donne à quiconque te demande, et à qui prend ton bien, ne le réclame pas. Ce que vous voulez que les autres fassent pour vous, faites-le aussi pour eux.

Si vous aimez ceux qui vous aiment, quelle reconnaissance* méritez-vous ? Même les pécheurs aiment ceux qui les aiment. Si vous faites du bien à ceux qui vous en font, quelle reconnaissance méritez-vous ? Même les pécheurs en font autant. Si vous prêtez à ceux dont vous espérez recevoir en retour, quelle reconnaissance méritez-vous ? Même les pécheurs prêtent aux pécheurs pour qu'on leur rende l'équivalent. Au contraire, aimez vos ennemis, faites du bien et prêtez sans rien espérer en retour. Alors votre récompense sera grande, et vous serez les fils du Très-Haut, car lui, il est bon pour les ingrats et les méchants. Soyez miséricordieux comme votre Père est miséricordieux. Ne jugez pas, et vous ne serez pas jugés ; ne condamnez pas, et vous ne serez pas condamnés. Pardonnez, et vous serez pardonnés. Donnez, et on vous donnera : c'est une mesure bien pleine, tassée, secouée, débordante, qui sera versée dans le pan de votre vêtement ; car la mesure dont vous vous servez pour les autres servira de mesure aussi pour vous. »

Prière sur les offrandes

Seigneur, tu as donné ces présents à ton Église pour qu'elle puisse te les offrir ; daigne les accueillir favorablement : qu'ils deviennent, par ta puissance, le sacrement de notre salut. Par Jésus… — **Amen.**

Antienne de la communion

Glorifie le Seigneur, Jérusalem :
il te nourrit de la fleur du froment.
(Ps 147, 12. 14)
OU
« Le pain que je donnerai,
dit le Seigneur, c'est ma chair,
pour la vie du monde. »
(Jn 6, 51)

Prière après la communion

Que cette communion à ton sacrement, Seigneur, soit notre délivrance et nous enracine dans ta vérité. Par Jésus… — **Amen.**

INVITATION

Suivant la demande du Christ, si je le peux, je me réconcilie aujourd'hui même avec une personne avec qui la relation a été rompue.

COMMENTAIRE

Nos cœurs tapissés de la Parole Colossiens 3, 12-17

« Que la parole du Christ habite en vous dans toute sa richesse. » Cette prière de Paul peut devenir la nôtre, pour nous-mêmes et nos semblables. La Parole n'est-elle pas porteuse de l'Esprit ? Voilà pourquoi elle nous façonne si nous consentons à nous en tapisser le cœur, à la garder, à faire fond sur elle à l'encontre, parfois, de nos évidences. N'est-ce pas ainsi que nous sortirons d'une subjectivité souvent envahissante et pourrons « chanter à Dieu notre reconnaissance » par toute notre vie ? ∎

Sœur Emmanuelle Billoteau, ermite

5 - 11

✳ CLÉ DE LECTURE

« Quelle reconnaissance ? » Luc 6, 33 *(p. 63)*

L'exigence de Jésus est excessive, déraisonnable. L'idéal du Royaume s'oppose à toutes les sagesses humaines. La morale traditionnelle de l'équivalence est refusée : aucun retour, aucune reconnaissance ne doivent être attendus. Mais le terme employé n'est pas de cet ordre-là. Il ne s'agit pas de reconnaissance, mais de grâce, « kharis », de don gratuit, car c'est Dieu qui donne et se donne, en pure gratuité. C'est à ce don gracieux que les chrétiens sont appelés, non qu'ils en soient capables, mais parce que déjà le don leur a été fait, la grâce de Dieu leur a été donnée. Ils ne donnent rien d'eux-mêmes, mais reconnaissent ce qui vient de Dieu et se donne à travers eux. Ce que la lettre aux Colossiens appelle devenir « actions de grâce, » devenir « eucharistiques ». ∎

Roselyne Dupont-Roc, bibliste

Saint Pierre Claver

Couleur liturgique : blanc

XVIIe siècle. Jésuite catalan. Arrivé en Nouvelle-Grenade (actuelle Colombie) en 1610 et ordonné prêtre en 1616, il consacra sa vie aux esclaves noirs.

Antienne d'ouverture

À ceux qui l'ont servi dans leurs frères, le Seigneur dit :
« Venez, les bénis de mon Père.
J'étais malade et vous m'avez visité…
Vraiment, je vous le dis,
chaque fois que vous l'avez fait
à l'un de ces petits qui sont mes frères,
c'est à moi que vous l'avez fait. »
(Mt 25, 34. 36. 40)

Prière

Seigneur notre Dieu, tu as fait de saint Pierre Claver le serviteur des esclaves et tu l'as pourvu d'une charité et d'une patience admirables à leur service ; fais que nous cherchions Jésus Christ en aimant notre prochain en actes et en vérité. Lui qui…
—*Amen.*

Prière sur les offrandes

Accueille, Seigneur, les présents de ton peuple ; et tandis que nous rappelons l'amour infini de ton Fils, fais que nous sachions, à l'exemple des saints, t'aimer et aimer notre prochain d'un cœur plus généreux. Par Jésus… —*Amen.*

Antienne de la communion

« Il n'y a pas de plus grand amour que de donner sa vie pour ses amis », dit le Seigneur. (Jn 15, 13)

Prière après la communion

Nourris et comblés de ce sacrement du salut, nous implorons ta bonté, Seigneur : permets qu'en pratiquant la charité, à l'exemple de saint Pierre Claver, nous ayons part à sa gloire. Par Jésus… —*Amen.*

Temps ordinaire, *suggestion d'oraisons et d'antiennes nº 20*

5 - 11

Antienne d'ouverture

Dieu, notre bouclier, regarde : vois le visage de ton Christ.
Un jour passé dans ta maison en vaut pour moi plus que mille.
(Ps 83, 10-11)

Prière

Pour ceux qui t'aiment, Seigneur, tu as préparé des biens que l'œil ne peut voir : répands en nos cœurs la ferveur de ta charité, afin que t'aimant en toute chose et par-dessus tout, nous obtenions de toi l'héritage promis qui surpasse tout désir. Par Jésus Christ… — *Amen.*

Lecture

de la première lettre de saint Paul apôtre à Timothée (1, 1-2. 12-14)

« Moi qui étais autrefois blasphémateur, il m'a été fait miséricorde »

Paul, apôtre du Christ Jésus par ordre de Dieu notre Sauveur et du Christ Jésus notre espérance, à Timothée, mon véritable enfant dans la foi. À toi, la grâce, la miséricorde et la paix de la part de Dieu le Père et du Christ Jésus notre Seigneur. Je suis plein de gratitude envers celui qui me donne la force, le Christ Jésus notre Seigneur, car il m'a estimé digne de confiance lorsqu'il m'a chargé du ministère, moi qui étais autrefois

blasphémateur, persécuteur, violent. Mais il m'a été fait miséricorde, car j'avais agi par ignorance, n'ayant pas encore la foi ; la grâce de notre Seigneur a été encore plus abondante, avec la foi, et avec l'amour qui est dans le Christ Jésus.
– Parole du Seigneur.

Psaume 15 (16)

℟ *Seigneur, mon partage et ma coupe !*

Garde-moi, mon Dieu :
    j'ai fait de toi mon refuge.
J'ai dit au Seigneur : « Tu es mon Dieu !
Seigneur, mon partage et ma coupe :
de toi dépend mon sort. » ℟

Je bénis le Seigneur qui me conseille :
même la nuit mon cœur m'avertit.
Je garde le Seigneur devant moi sans relâche ;
il est à ma droite : je suis inébranlable. ℟

Tu m'apprends le chemin de la vie :
devant ta face, débordement de joie !
À ta droite, éternité de délices ! ℟

Acclamation de l'Évangile

Alléluia. Alléluia. Ta parole, Seigneur, est vérité ; dans cette vérité, sanctifie-nous. *Alléluia.*

Évangile de Jésus Christ

selon saint Luc (6, 39-42)

« Un aveugle peut-il guider un autre aveugle ? »

En ce temps-là, Jésus disait à ses disciples en parabole : « Un aveugle peut-il guider un autre aveugle ? Ne vont-ils pas tomber tous les deux dans un trou ? Le disciple n'est pas au-dessus du maître ; mais une fois bien formé, chacun sera comme son maître.

« Qu'as-tu à regarder la paille dans l'œil de ton frère, alors que la poutre qui est dans ton œil à toi, tu ne la remarques pas ? Comment peux-tu dire à ton frère : "Frère, laisse-moi enlever la paille qui est dans ton œil", alors que toi-même ne vois pas la poutre qui est dans le tien ? Hypocrite ! Enlève d'abord la poutre de ton œil ; alors tu verras clair pour enlever la paille qui est dans l'œil de ton frère. »

Prière sur les offrandes

Accepte, Seigneur notre Dieu, ce que nous présentons pour cette eucharistie où s'accomplit un admirable échange : en offrant ce que tu nous as donné, puissions-nous te recevoir toi-même. Par Jésus… — **Amen.**

Antienne de la communion

« Je suis le pain vivant venu du ciel, dit le Seigneur ; si quelqu'un mange de ce pain, il vivra éternellement. » (Jn 6, 51)

OU

Auprès du Seigneur est la grâce, l'abondance du rachat. (Ps 129,7)

VENDREDI 10 SEPTEMBRE 2021

Prière après la communion
Par cette eucharistie, Seigneur, tu nous as unis davantage au Christ, et nous te supplions encore : accorde-nous de lui ressembler sur la terre et de partager sa gloire dans le ciel. Lui qui... — *Amen.*

INVITATION

Je peux demander au Seigneur de m'aider à voir en ce jour :
« Quelle est la poutre dans mon œil ? »

COMMENTAIRE

Relecture rénovante 1 Timothée 1, 1-2. 12-14

« Je suis plein de gratitude envers celui qui me donne la force. » Paul reconnaît que la grâce agit dans ses faiblesses passées et présentes. Il sait que la foi et l'amour lui viennent du Christ Jésus. Une invitation à faire une relecture de nos vies, afin d'y découvrir quelles faiblesses ouvrir à la visite de ce Dieu qui ne cesse de nous offrir sa miséricorde et sa paix, si nous consentons à les accueillir en nous décentrant de nous-mêmes pour nous laisser renouveler par lui. ■

Sœur Emmanuelle Billoteau, ermite

Temps ordinaire, *suggestion d'oraisons et d'antiennes n° 21*
ou **bienheureuse Vierge Marie,** *voir p. 30*

Antienne d'ouverture

**Écoute, Seigneur, réponds-moi.
Sauve, ô mon Dieu,
ton serviteur qui compte sur toi.
Prends pitié de moi,
Seigneur, toi que j'appelle tout le jour.** (Ps 85, 1-3)

Prière

Dieu qui peux mettre au cœur de tes fidèles un unique désir, donne à ton peuple d'aimer ce que tu commandes et d'attendre ce que tu promets ; pour qu'au milieu des changements de ce monde, nos cœurs s'établissent fermement là où se trouvent les vraies joies. Par Jésus Christ… — **Amen.**

Lecture

de la première lettre de saint Paul apôtre à Timothée (1, 15-17)

« Le Christ Jésus est venu dans le monde pour sauver les pécheurs »

Bien-aimé, voici une parole digne de foi, et qui mérite d'être accueillie sans réserve : le Christ Jésus est venu dans le monde pour sauver les pécheurs ; et moi, je suis le premier des pécheurs. Mais s'il m'a été fait miséricorde, c'est afin qu'en moi le premier, le Christ Jésus montre

toute sa patience, pour donner un exemple à ceux qui devaient croire en lui, en vue de la vie éternelle. Au roi des siècles, Dieu immortel, invisible et unique, Honneur et gloire pour les siècles des siècles !
Amen.
– Parole du Seigneur.

Psaume 112 (113)

℟ **Béni soit le nom du Seigneur, maintenant et pour les siècles des siècles !**
OU **Alléluia !**

Louez, serviteurs du Seigneur,
louez le nom du Seigneur !
Béni soit le nom du Seigneur,
maintenant et pour les siècles des siècles ! ℟

Du levant au couchant du soleil,
loué soit le nom du Seigneur !
Le Seigneur domine tous les peuples,
sa gloire domine les cieux. ℟

Qui est semblable au Seigneur notre Dieu ?
Il abaisse son regard vers le ciel et vers la terre.
De la poussière il relève le faible,
il retire le pauvre de la cendre. ℟

Acclamation de l'Évangile

Alléluia. Alléluia. Si quelqu'un m'aime, il gardera ma parole, dit le Seigneur ; mon Père l'aimera, et nous viendrons vers lui. **Alléluia.**

Évangile de Jésus Christ

selon saint Luc (6, 43-49)

*« Pourquoi m'appelez-vous en disant :
"Seigneur ! Seigneur !" et ne faites-vous pas ce que je dis ? »*

En ce temps-là, Jésus disait à ses disciples : « Un bon arbre ne donne pas de fruit pourri ; jamais non plus un arbre qui pourrit ne donne de bon fruit. Chaque arbre, en effet, se reconnaît à son fruit : on ne cueille pas des figues sur des épines ; on ne vendange pas non plus du raisin sur des ronces. L'homme bon tire le bien du trésor de son cœur qui est bon ; et l'homme mauvais tire le mal de son cœur qui est mauvais : car ce que dit la bouche, c'est ce qui déborde du cœur.

« Et pourquoi m'appelez-vous en disant : "Seigneur ! Seigneur !" et ne faites-vous pas ce que je dis ? Quiconque vient à moi, écoute mes paroles et les met en pratique, je vais vous montrer à qui il ressemble. Il ressemble à celui qui construit une maison. Il a creusé très profond et il a posé les fondations sur le roc. Quand est venue l'inondation, le torrent s'est précipité sur cette maison, mais il n'a pas pu l'ébranler parce qu'elle était bien construite. Mais celui qui a écouté et n'a pas mis en pratique ressemble à celui qui a construit sa maison à même le sol, sans fondations. Le torrent s'est précipité sur elle, et aussitôt elle s'est effondrée ; la destruction de cette maison a été complète. »

Prière sur les offrandes

Par l'unique sacrifice de la Croix, tu t'es donné, Père très bon, un peuple de fils ; accorde-nous, dans ton Église, la grâce de l'unité et de la paix. Par Jésus… — *Amen.*

Antienne de la communion
Seigneur, tu as créé de quoi rassasier
le monde entier : tu fais produire
à la terre le pain, et le vin qui réjouit
le cœur des hommes. (cf. Ps 103, 13-15)
OU « Qui mange ma chair et boit mon
sang a la vie éternelle, dit le Seigneur,
et moi, je le ressusciterai au dernier
jour. » (Jn 6, 54)

Prière après la communion
Que ta miséricorde, Seigneur, agisse
en nous et nous guérisse entièrement ;
transforme-nous, par ta grâce, et
rends-nous si généreux que nous puissions te plaire en toute chose. Par
Jésus… — *Amen.*

INVITATION

Avec l'évangile d'aujourd'hui, je peux me demander : les fondations de « ma
maison » sont-elles suffisamment profondes ?

COMMENTAIRE

La liberté nous appelle
1 Timothée 1, 15-17

Paul peut nous agacer par la place de choix qu'il se donne, fût-ce dans le péché et
le pardon. Mais l'essentiel de son propos se trouve plutôt dans l'affirmation que le
Christ est venu dans le monde pour nous sauver. Encore faut-il que nous ayons expérimenté notre besoin d'être libérés de tout ce qui nous incurve sur nous-mêmes et nous
rive à notre « moi d'emprunt ». Car c'est à la liberté des enfants de Dieu, configurés au
Christ doux et humble de cœur, que nous sommes appelés. ∎

Sœur Emmanuelle Billoteau, ermite

© Marion Duval

« Si quelqu'un veut marcher à ma suite... » Marc 8, 34

« Que disent les gens de moi ? », demande Jésus à ses disciples. « Et pour vous qui suis-je ? – Tu es le Christ », le Messie, lui répond Pierre. Jésus est venu nous sauver. Aujourd'hui, dans notre société déchristianisée, quel Sauveur, quel Dieu attendons-nous ? Si nous voulons suivre le Christ en paroles et en actes, nous ne pouvons faire l'économie de cette interrogation essentielle.

12 - 18

OUVERTURE DE LA CÉLÉBRATION

Chant d'entrée (Suggestions p. 228)

OU

Antienne d'ouverture
Donne la paix, Seigneur, à ceux qui t'espèrent :
ne fais pas mentir les paroles de tes prophètes ;
exauce la prière de ton peuple. (cf. Si 36, 18)

Suggestion de préparation pénitentielle (ou p. 201)
Le Seigneur Dieu ne nous condamne pas, il prend notre défense.
Implorons sa miséricorde et accueillons son pardon.

Seigneur Jésus, tu es justice et pitié, prends pitié de nous.
— *Prends pitié de nous.*
Ô Christ, tu défends les petits et les faibles, prends pitié de nous.
— *Prends pitié de nous.*
Seigneur, tu es le Chemin, la Vérité et la Vie, prends pitié de nous.
— *Prends pitié de nous.*

Que Dieu tout-puissant nous fasse miséricorde ; qu'il nous pardonne
nos péchés et nous conduise à la vie éternelle. — *Amen.*

Gloire à Dieu (p. 202)

Prière

Dieu créateur et maître de toutes choses, regarde-nous, et pour que nous ressentions l'effet de ton amour, accorde-nous de te servir avec un cœur sans partage. Par Jésus Christ… — **Amen.**

LITURGIE DE LA PAROLE

Lecture du livre du prophète Isaïe (50, 5-9a)

« J'ai présenté mon dos à ceux qui me frappaient »

Le Seigneur mon Dieu m'a ouvert l'oreille, et moi, je ne me suis pas révolté, je ne me suis pas dérobé. J'ai présenté mon dos à ceux qui me frappaient, et mes joues à ceux qui m'arrachaient la barbe. Je n'ai pas caché ma face devant les outrages et les crachats. Le Seigneur mon Dieu vient à mon secours ; c'est pourquoi je ne suis pas atteint par les outrages, c'est pourquoi j'ai rendu ma face dure comme pierre : je sais que je ne serai pas confondu. Il est proche, Celui qui me justifie. Quelqu'un veut-il plaider contre moi ? Comparaissons ensemble ! Quelqu'un veut-il m'attaquer en justice ? Qu'il s'avance vers moi ! Voilà le Seigneur mon Dieu, il prend ma défense ; qui donc me condamnera ?

– Parole du Seigneur.

Psaume 114 (116A)

℟ **Je marcherai en présence du Seigneur sur la terre des vivants.**
OU **Alléluia !**

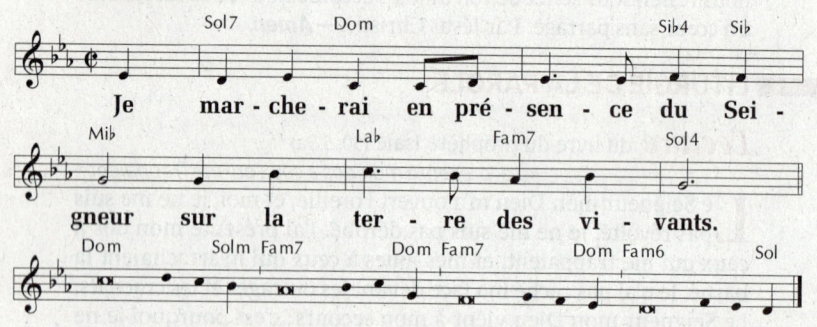

T. : AELF ; M. : G. Previdi ; Éd. : ADF.

J'aime le Seigneur :
il entend le cri de ma prière ;
il incline vers moi son oreille :
toute ma vie, je l'invoquerai. ℟

J'étais pris dans les filets de la mort, retenu dans les liens de l'abîme,
j'éprouvais la tristesse et l'angoisse ;
j'ai invoqué le nom du Seigneur :
« Seigneur, je t'en prie, délivre-moi ! » ℟

Le Seigneur est justice et pitié,
notre Dieu est tendresse.
Le Seigneur défend les petits :
j'étais faible, il m'a sauvé. ℟

Il a sauvé mon âme de la mort,
gardé mes yeux des larmes et mes pieds du faux pas.
Je marcherai en présence du Seigneur
sur la terre des vivants. ℟

Retrouvez
ce psaume sur le CD
"Les psaumes
de l'année B"

Lecture de la lettre de saint Jacques (2, 14-18)

« La foi, si elle n'est pas mise en œuvre, est bel et bien morte »

Mes frères, si quelqu'un prétend avoir la foi, sans la mettre en œuvre, à quoi cela sert-il ? Sa foi peut-elle le sauver ? Supposons qu'un frère ou une sœur n'ait pas de quoi s'habiller, ni de quoi manger tous les jours ; si l'un de vous leur dit : « Allez en paix ! Mettez-vous au chaud, et mangez à votre faim ! » sans leur donner le nécessaire pour vivre, à quoi cela sert-il ? Ainsi donc, la foi, si elle n'est pas mise en œuvre, est bel et bien morte. En revanche, on va dire : « Toi, tu as la foi ; moi, j'ai les œuvres. Montre-moi donc ta foi sans les œuvres ; moi, c'est par mes œuvres que je te montrerai la foi. »
– Parole du Seigneur.

Acclamation de l'Évangile

Alléluia. Alléluia. Que la croix du Seigneur soit ma seule fierté ! Par elle, le monde est crucifié pour moi, et moi pour le monde. **Alléluia.**

U 76-99 ; T. : AELF ; M. : P. Robert ; ADF-Musique.

Évangile de Jésus Christ selon saint Marc (8, 27-35)

« Tu es le Christ.. Il fallait que le Fils de l'homme souffre beaucoup »

En ce temps-là, Jésus s'en alla, ainsi que ses disciples, vers les villages situés aux environs de Césarée-de-Philippe. Chemin faisant, il interrogeait ses disciples : « Au dire des gens, qui suis-je ? » Ils lui répondirent : « Jean le Baptiste ; pour d'autres, Élie ; pour d'autres, un des prophètes. » Et lui les interrogeait : « Et vous, que dites-vous ? Pour vous, qui suis-je ? » Pierre, prenant la parole, lui dit : « Tu es le Christ. » Alors, il leur défendit vivement de parler de lui à personne.

Il commença à leur enseigner qu'il fallait que le Fils de l'homme souffre beaucoup, qu'il soit rejeté par les anciens, les grands prêtres et les scribes, qu'il soit tué, et que, trois jours après, il ressuscite. Jésus disait cette parole ouvertement. Pierre, le prenant à part, se mit à lui faire de vifs reproches. Mais Jésus se retourna et, voyant ses disciples, il interpella vivement Pierre : « Passe derrière moi, Satan ! Tes pensées ne sont pas celles de Dieu, mais celles des hommes. » Appelant la foule avec ses disciples, il leur dit : « Si quelqu'un veut marcher à ma suite, qu'il renonce à lui-même, qu'il prenne sa croix et qu'il me suive. Car celui qui veut sauver sa vie la perdra ; mais celui qui perdra sa vie à cause de moi et de l'Évangile la sauvera. »

Homélie

Profession de foi (p. 203)

DIMANCHE 12 SEPTEMBRE 2021

Suggestion de prière universelle

Le prêtre :

Il est proche, le Messie qui nous invite à le suivre. Confions à son Père, notre prière pour tous nos frères.

℟ *Exauce-nous, Seigneur de gloire.*

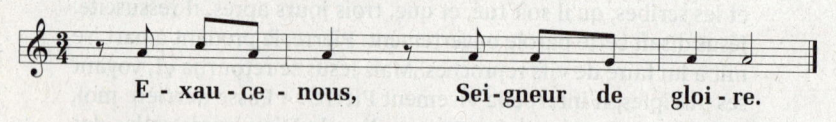

E - xau - ce - nous, Sei - gneur de gloi - re.

X 27 n°32 SM ; M. : Éqc.

Le diacre ou un lecteur :

Prions avec le pape François. Pour tous les chrétiens : qu'ils fassent des choix courageux en faveur d'une vie sobre et durable pour le bien de tous. ℟

Pour les responsables politiques et économiques : que leurs paroles soient en accord avec leurs actes, comme nous y invite l'apôtre Jacques. ℟

Pour ceux qui sont dans la difficulté : dans leur chemin de croix que le Christ a parcouru le premier, qu'ils fassent confiance au Seigneur. ℟

Pour les jeunes et leurs enseignants, pour ceux qui rendent service à notre paroisse : en cette rentrée scolaire, qu'ils accueillent leurs responsabilités avec confiance et dans la joie. ℟

(Ces intentions seront adaptées ou modifiées selon les circonstances.)

Le prêtre :
Dieu notre Père, toi dont le Fils nous appelle à le suivre, tu sais ce dont nous avons besoin. Entends notre prière, par Jésus le Christ notre Seigneur.

— Amen.

LITURGIE EUCHARISTIQUE

Prière sur les offrandes
Sois favorable à nos prières, Seigneur, et reçois avec bonté nos offrandes : que les dons apportés par chacun à la gloire de ton nom servent au salut de tous. Par Jésus…

— Amen.

Prière eucharistique *(Préface des dimanches, p. 207)*

Chant de communion *(Suggestions p. 228)*
OU

Antienne de la communion
Qu'il est précieux, ton amour,
ô mon Dieu !
En lui s'abritent les hommes.
(Ps 35, 8)
OU

12 - 18

La coupe de bénédiction pour laquelle nous rendons grâce
nous fait communier au sang du Christ ;
et le pain que nous rompons
nous fait communier au corps du Christ.
(cf. 1 Co 10, 16)

Prière après la communion

Que la grâce de cette communion, Seigneur, saisisse nos esprits et
nos corps, afin que son influence, et non pas notre sentiment, domine
toujours en nous. Par Jésus… — *Amen.*

CONCLUSION DE LA CÉLÉBRATION

Bénédiction

Envoi

COMMENTAIRE DU DIMANCHE

Père Jean-Paul Sagadou, assomptionniste,
rédacteur en chef de *Prions en Église* Afrique

Qui est-il ?

Cela se passe dans les villages situés aux environs de Césarée-de-Philippe. Jésus fait un petit sondage auprès de ses disciples. La question est simple et directe : « Au dire des gens, qui suis-je ? » Et les « gens » ont une idée vague sur sa personne : ce qui est sûr, c'est que c'est un prophète. Mais on ne sait pas lequel. Est-ce Jean le Baptiste revenu à la vie, ou Élie dont le retour était annoncé, ou encore un autre prophète ? Face à cette perplexité, Jésus sollicite auprès des disciples une réponse plus personnelle. C'est Pierre qui répond. Pour lui, Jésus est le Christ. Ce Christ n'est pas un libérateur politique. C'est un homme derrière lequel on peut marcher, en renonçant à soi-même. Le chemin par lequel il passe est fait de souffrance, de mort et de résurrection. Il a porté nos souffrances, il s'est chargé •••

... de nos douleurs. La question de Jésus et la réponse de Simon Pierre provoquent chaque génération, chaque chrétien et chaque Église à répondre à la question de l'identité de Jésus. Une des façons pour nous de répondre à cette question pourrait se faire à travers une double attitude à adopter : ne pas nous dérober à nos semblables, et nous mettre dans la tête que la manière de suivre le Christ ne consiste pas à dominer ou à asservir les autres, mais à apprendre à les servir.

Pour moi, qui est le Christ ?

Comment est-ce que je développe ma relation personnelle avec le Christ ? ∎

LIRE L'ÉVANGILE AVEC LES ENFANTS

CE QUE JE DÉCOUVRE

Pas facile de trouver un mot qui résume
la mission de Jésus. Mais Pierre y parvient :
« **Tu es le Christ** », lui dit-il. Ce mot, Christ,
vient du grec et signifie « celui qui a reçu l'onction
d'huile ». Quand les rois d'Israël étaient choisis,
on leur versait de l'huile sur la tête.
C'était le signe qu'ils avaient une place à part
pour guider leur peuple.
Jésus aussi a ce rôle unique, mais plus encore :
il est roi de tout l'univers. À tous les peuples,
il annonce la victoire de l'amour et de la vie.

CE QUE JE VIS

Si Jésus te demandait :
« Qui suis-je pour toi ? », que répondrais-tu ?
Cite trois mots qui servent à nommer le Christ.
Dans ta prière, redis cinq fois :
« Jésus, tu es le Messie, j'ai confiance en toi. »

Texte : P. Thibault Van Den Driessche. Illustrations : Marcelino Truong.

12 - 18

MÉDITATION BIBLIQUE
24E DIMANCHE DU TEMPS ORDINAIRE
Évangile selon saint Marc 8, 27-35

En aparté avec Jésus

Jésus dévoile son avenir et la façon dont il entend vivre ce qui l'attend. Cette explicitation permet à chacun de se positionner.

Le temps de la préparation

« Mes frères, si quelqu'un prétend avoir la foi, sans la mettre en œuvre, à quoi cela sert-il ? » (Jc 2, 14)

Le temps de l'observation

Jésus commence à se dévoiler et à dévoiler « ouvertement » ce qu'il pressent de l'avenir qui l'attend. Considérant ses disciples comme des adultes, il ne leur cache pas l'avenir compliqué qui semble se profiler. C'est dans ce contexte que Pierre et Jésus ont une conversation privée dont le contenu ne nous est pas parvenu. Le texte dit que Pierre aurait fait « de vifs reproches » à Jésus. Qu'est-ce que Pierre a pu reprocher à Jésus en aparté ? De proposer un avenir et une voie trop ardus ? De ne pas suffisamment laisser les disciples dans l'illusion d'une vie facile ? De critiquer le pouvoir religieux en place ? Ou, au contraire, de leur laisser entrevoir que la résurrection serait au bout du chemin ? Quoi qu'il en soit, la réponse de Jésus est vive, tranchante. Le suivre et devenir son disciple suppose de mettre de côté son ego et ses peurs et de lui faire confiance pour incarner, dans sa propre vie, la voie du Christ.

Le temps de la méditation

Et nous, à la place de Pierre, quels reproches aurions-nous faits à Jésus ? De quoi serions-nous allés lui parler après qu'il ait dévoilé un futur compliqué et plein de périls sociaux, physiques, psychologiques ? Une fois de plus, l'Évangile nous fait de la place. Nous pouvons, grâce au silence du texte concernant les reproches de Pierre, avoir cet instant d'intimité avec Jésus pour lui dire combien ce qu'il propose est compliqué, nous

fait peur, nous angoisse. Combien nous préférerions ne pas avoir à traverser ces moments difficiles qui nous attendent. Jésus écoutera et répondra ce qu'il répond à Pierre. Sortir de sa zone de confort est le chemin de l'Évangile. Personne ne suit Jésus sans porter sa propre croix, sans faire face à ses pires peurs et à ses vieux ennemis. Devenir disciple, c'est d'abord renoncer à ses illusions. Ou on accompagne Jésus avec ce que l'on est ou on renonce à partir à sa suite.

Le temps de la prière

« Il a sauvé mon âme de la mort, gardé mes yeux des larmes et mes pieds du faux pas. Je marcherai en présence du Seigneur sur la terre des vivants. » Ps 114 [116A], 8-9 ∎

Marie-Laure Durand, bibliste

12 - 18

DES IMAGES POUR LA FOI
LA CROIX GLORIEUSE

Le serpent sur le mât

« Ainsi faut-il que le Fils de l'homme soit élevé, afin qu'en lui tout homme qui croit ait la vie éternelle » (Jn 3, 14-15).

Comme des éclairs, des serpents tombent du ciel orageux qui domine la scène. Difficile pour le peuple d'Israël d'y échapper : les reptiles s'enroulent autour des membres et des corps. Plusieurs personnes portent déjà les traces sanglantes de leur « morsure brûlante » (Nb 21, 6) annonciatrice du frisson de la mort. Un vent de panique souffle sur le groupe : les mains et les corps déséquilibrés se tendent vers le serpent de bronze accroché au sommet d'un mât. Cette agitation contraste avec la sérénité de Moïse et Aaron, à gauche de l'image, contemplant l'étrange trophée. Van Dyck peint ces tribulations du peuple au désert comme une annonce de la Croix et du salut à venir. Sa mise en scène rappelle certaines crucifixions : la femme du premier plan ne fait-elle pas penser à Marie Madeleine et Moïse à un personnage au pied de la croix ? Le Christ s'est abaissé pour que les hommes aux prises avec le mal obtiennent la vie éternelle. Comme l'homme prosterné au premier plan, chacun est invité à « fléchir le genou » et proclamer : « Jésus est Seigneur, à la gloire de Dieu le Père » (Ph 2, 11). ■

Dominique Pierre, journaliste

12 - 18

© Bridgeman Images

Moïse et le serpent d'airain (1618-20), Antoine van Dyck, musée du Prado, Madrid.

Saint Jean Chrysostome

349-407. Patriarche de Constantinople, surnommé «bouche d'or» pour sa grande éloquence. Ayant déplu à l'impératrice Eudoxie, il fut condamné à l'exil. Docteur de l'Église.

Antienne d'ouverture

**« Tu auras toujours sur tes lèvres
les paroles que je t'ai données,
dit le Seigneur ;
et je recevrai ton offrande sur mon autel. »**
(cf. Is 59, 21 ; 56, 7)

Prière

Seigneur Dieu, force de ceux qui espèrent en toi, tu as donné à l'évêque saint Jean Chrysostome une merveilleuse éloquence et et un grand courage dans les épreuves ; accorde-nous la grâce de suivre ses enseignements pour avoir la force d'imiter sa patience. Par Jésus Christ… —*Amen.*

Lecture

de la première lettre de saint Paul apôtre à Timothée (2, 1-8)

> *« J'encourage à faire des prières pour tous les hommes à Dieu qui veut que tous les hommes soient sauvés »*

Bien-aimé, j'encourage, avant tout, à faire des demandes, des prières, des intercessions et des actions de grâce pour tous les hommes, pour les chefs d'État et tous ceux qui exercent l'autorité, afin que nous puissions mener notre vie dans la tranquillité et le calme, en toute piété et dignité. Cette prière est bonne et agréable à Dieu notre Sauveur, car il veut que tous les hommes soient sauvés* et parviennent à la pleine connaissance de la vérité. En effet, il n'y a qu'un seul Dieu, il n'y a aussi qu'un seul médiateur entre Dieu et les hommes : un homme, le Christ Jésus, qui s'est donné lui-même en rançon pour tous. Aux temps fixés, il a rendu ce témoignage, pour lequel j'ai reçu la charge de messager et d'apôtre – je dis vrai, je ne mens pas – moi qui enseigne aux nations la foi et la vérité. Je voudrais donc qu'en tout lieu les hommes prient en élevant les mains, saintement, sans colère ni dispute.

– Parole du Seigneur.

Psaume 27 (28)

℟ **Béni soit le Seigneur qui entend la voix de ma prière !**

Seigneur, mon rocher, c'est toi que j'appelle :
ne reste pas sans me répondre.
Entends la voix de ma prière quand je crie vers toi,
quand j'élève les mains vers le Saint des Saints ! ℟

Le Seigneur est ma force et mon rempart ;
à lui, mon cœur fait confiance :
il m'a guéri, ma chair a refleuri,
mes chants lui rendent grâce. ℟

Le Seigneur est la force de son peuple,
le refuge et le salut de son messie.
Sauve ton peuple, bénis ton héritage,
veille sur lui, porte-le toujours. ℟

12 - 18

Acclamation de l'Évangile

Alléluia. Alléluia. Dieu a tellement aimé le monde qu'il a donné son Fils unique, afin que ceux qui croient en lui aient la vie éternelle. ***Alléluia.***

Évangile de Jésus Christ —

selon saint Luc (7, 1-10)

> *« Même en Israël, je n'ai pas trouvé une telle foi ! »*

En ce temps-là, lorsque Jésus eut achevé de faire entendre au peuple toutes ses paroles, il entra dans Capharnaüm. Il y avait un centurion dont un esclave était malade et sur le point de mourir ; or le centurion tenait beaucoup à lui. Ayant entendu parler de Jésus, il lui envoya des notables juifs pour lui demander de venir sauver son esclave. Arrivés près de Jésus, ceux-ci le suppliaient instamment : « Il mérite que tu lui accordes cela. Il aime notre nation : c'est lui qui nous a construit la synagogue. » Jésus était en route avec eux, et déjà il n'était plus loin de la maison, quand le centurion envoya des amis lui dire : « Seigneur, ne prends pas cette peine, car je ne suis pas digne que tu entres sous mon toit. C'est pourquoi je ne me suis pas autorisé, moi-même, à venir te trouver. Mais dis une parole, et que mon serviteur soit guéri ! Moi, je suis quelqu'un de subordonné à une autorité, mais j'ai des soldats sous mes ordres ; à l'un, je dis : "Va", et il va ; à un autre : "Viens", et il vient ; et à mon esclave : "Fais ceci", et il le fait. » Entendant cela, Jésus fut en admiration devant lui. Il se retourna et dit à la foule qui le suivait : « Je vous le déclare, même en Israël, je n'ai pas trouvé une telle foi ! » Revenus à la maison, les envoyés trouvèrent l'esclave en bonne santé.

Prière sur les offrandes

Daigne accepter, Seigneur, ce sacrifice que nous te présentons de grand cœur en la fête de saint Jean Chrysostome ; fidèles à son enseignement, nous voulons nous offrir tout entiers en célébrant cette eucharistie.
Par Jésus… — **Amen.**

Antienne de la communion

Nous proclamons un Messie crucifié, le Christ, puissance de Dieu et sagesse de Dieu.
(1 Co 1, 23. 24)

Prière après la communion

Seigneur, fais que cette communion, reçue en la fête de saint Jean Chrysostome, nous affermisse dans ton amour et nous transforme en témoins fidèles de ta vérité. Par Jésus…
— **Amen.**

12 - 18

INVITATION

En ce jour où l'on fête saint Jean Chrysostome, je prie tout particulièrement pour nos frères chrétiens d'Orient.

LUNDI 13 SEPTEMBRE 2021

Jésus, le compatissant   Luc 7, 1-10

« Seigneur, ne prends pas cette peine car je ne suis pas digne » : trop souvent, nous faisons nôtre cette parole du centurion. Nous imaginons que le Seigneur est indifférent devant nos petits ou grands problèmes. Pourtant, il est celui qui s'intéresse pleinement à ce que nous vivons ; et il ne le fait pas à la manière d'un curieux ou d'un observateur distant, mais comme celui qui pleure, rit et vibre avec nous. ∎

Père Bertrand Lesoing, communauté Saint-Martin

✳ CLÉ DE LECTURE

« Tous les hommes soient sauvés »   1 Timothée 2, 5 *(p. 93)*

Magnifique reprise de l'enseignement paulinien dans cette fin de siècle où les chrétiens issus du paganisme sont devenus les plus nombreux. L'adjectif « tous » scande le texte. L'auteur donne au salut une dimension d'une ampleur inouïe. Il n'est plus seulement délivrance (image de la rançon), mais perspective d'un avenir nouveau pour tous les êtres humains, invités à vivre dans la dignité et le respect mutuels. Il n'est désormais plus envisageable qu'à cet échelon : Dieu veut que tous les hommes soient sauvés, car c'est l'humanité que Jésus, homme au milieu des hommes, est venu endosser et recréer à son image. Une humanité en marche vers la vérité, c'est-à-dire ce qui doit la révéler « en Christ » dans son unité tout à la fois native et finale. ∎

Roselyne Dupont-Roc, bibliste

La Croix glorieuse

Antienne d'ouverture

**Que notre seule fierté soit la croix de notre Seigneur Jésus Christ.
En lui, nous avons le salut, la vie et la résurrection ;
par lui, nous sommes sauvés et délivrés.** (cf. Ga 6, 14)

Gloire à Dieu (p. 202)

Prière

Tu as voulu, Seigneur, que tous les hommes soient sauvés par la croix de ton Fils ;
permets qu'ayant connu dès ici-bas ce mystère, nous goûtions au ciel les bienfaits
de la rédemption. Par Jésus Christ… — *Amen.*

Lectures propres à la fête de la Croix glorieuse.

Lecture

du livre des Nombres (21, 4b-9)

« Celui qui regardait vers le serpent de bronze restait en vie ! »

En ces jours-là, en chemin à travers le désert, le peuple perdit courage. Il récrimina contre Dieu et contre Moïse : « Pourquoi nous avoir fait monter d'Égypte ? Était-ce pour nous faire mourir dans le désert, où il n'y a ni pain ni eau ? Nous sommes dégoûtés de cette nourriture misérable ! » Alors le Seigneur envoya **contre** le peuple des serpents à la **morsure** brûlante, et beaucoup en **moururent** dans le peuple d'Israël. **Le** peuple vint vers Moïse et dit : « Nous avons péché, en récriminant **contre** le Seigneur et contre toi. **Intercède** auprès du Seigneur pour **qu'il** éloigne de nous les serpents. » **Moïse** intercéda pour le peuple, et le Seigneur dit à Moïse : « Fais-toi un serpent brûlant, et dresse-le au sommet d'un mât : tous ceux qui auront été mordus, qu'ils le regardent, alors ils vivront ! » Moïse fit un serpent de bronze et le dressa au sommet du mât. Quand un homme était mordu par un serpent, et qu'il regardait vers le serpent de bronze, il restait en vie ! – Parole du Seigneur.

On peut aussi lire la lettre aux Philippiens 2, 6-11.

Psaume 77 (78)

℟ **N'oubliez pas les exploits du Seigneur !**

Nous avons entendu et nous savons
ce que nos pères nous ont raconté :
et nous redirons à l'âge qui vient
les titres de gloire du Seigneur. ℟

Quand Dieu les frappait, ils le cherchaient,
ils revenaient et se tournaient vers lui :
ils se souvenaient que Dieu est leur rocher,
et le Dieu Très-Haut, leur rédempteur. ℟

Mais de leur bouche ils le trompaient,
de leur langue ils lui mentaient.
Leur cœur n'était pas constant envers lui ;
ils n'étaient pas fidèles à son alliance. ℟

Et lui, miséricordieux,
au lieu de détruire, il pardonnait.
Il se rappelait : ils ne sont que chair,
un souffle qui s'en va sans retour. ℟

Acclamation de l'Évangile

Alléluia. Alléluia. Nous t'adorons, ô Christ, et nous te bénissons : par ta Croix, tu as racheté le monde. ***Alléluia.***

Évangile de Jésus Christ ————

selon saint Jean (3, 13-17)

« Il faut que le Fils de l'homme soit élevé »

En ce temps-là, Jésus disait à Nicodème : « Nul n'est monté au ciel sinon celui qui est descendu du ciel, le Fils de l'homme. De même que le serpent de bronze fut élevé par Moïse dans le désert, ainsi faut-il que le Fils de l'homme soit élevé, afin qu'en lui tout homme qui croit ait la vie éternelle. Car Dieu a tellement aimé le monde qu'il a donné son Fils unique, afin que quiconque croit en lui ne se perde pas, mais obtienne la vie éternelle. Car Dieu a envoyé son Fils dans le monde, non pas pour juger le monde*, mais pour que, par lui, le monde soit sauvé. »

Prière sur les offrandes

Que cette offrande, nous t'en supplions, Seigneur, nous purifie de toutes nos fautes, puisque sur l'autel de la croix le Christ a enlevé le péché du monde entier. Lui qui… *— Amen.*

12 - 18

MARDI 14 SEPTEMBRE 2021

Prière eucharistique
(Préface de la Sainte Croix)

Vraiment, il est juste et bon de te rendre gloire, de t'offrir notre action de grâce, toujours et en tout lieu, à toi, Père très saint, Dieu éternel et tout-puissant. Car tu as attaché au bois de la croix le salut du genre humain, pour que la vie surgisse à nouveau d'un arbre qui donnait la mort, et que l'ennemi, victorieux par le bois, fût lui-même vaincu sur le bois, par le Christ, notre Seigneur. Par lui, avec les anges et tous les saints, nous chantons (disons) l'hymne de ta gloire et sans fin nous proclamons :
Saint ! Saint ! Saint...

Antienne de la communion

Quand j'aurai été élevé de terre, dit le Seigneur, j'attirerai à moi tous les hommes.
(Jn 12, 32)

Prière après la communion

Fortifiés par la nourriture que tu nous as donnée, nous te supplions, Seigneur Jésus Christ : conduis à la gloire de la résurrection ceux que tu as fait revivre par le bois de ta croix. Toi qui règnes...
— Amen.

INVITATION

C'est aujourd'hui la Croix glorieuse.
Que toute ma vie, mon regard restent dirigés vers elle.

COMMENTAIRE

La vie jaillissante Jean 3, 13-17

La Croix glorieuse, vraiment ? Comment affirmer que cet instrument de torture peut être glorieux ? Comment pouvons-nous fêter ce qui relève du mal absolu ? Glorieuse, la Croix ? N'est-elle pas plutôt scandaleuse ? Si malgré tout nous vénérons cette Croix, à la fois glorieuse et scandaleuse, ce n'est pas par amour morbide de la souffrance, mais parce que de tout mal, Dieu peut tirer un bien. De l'ignominie de la Croix jaillit la vie. ∎

Père Bertrand Lesoing, communauté Saint-Martin

✳ CLÉ DE LECTURE

« Juger le monde » Jean 3, 17 *(p. 99)*

On sait l'ambivalence du « monde » dans l'évangile de Jean : le « kosmos », le monde créé, l'humanité que Dieu a « tellement aimée » et qu'il veut conduire au bonheur. Pourtant Jésus dira : « Ma royauté n'est pas de ce monde », ou encore : « Le monde me hait. » D'avance, ce texte nous dit comment ce monde doit être aimé : dans ce mouvement de don de soi et d'élévation. Jésus n'a pas déserté notre humanité, il n'en a pas été chassé, il a pris la juste distance ; il refuse d'adhérer à la perversité et à la cruauté du monde, la Croix en est à la fois la conséquence et la dénonciation victorieuse. Fils de l'homme élevé au-dessus du monde, il prend en charge avec lui l'humanité qui se perd, et la réajuste à la vie et l'amour surabondant de Dieu. ∎

Roselyne Dupont-Roc, bibliste

Notre-Dame des Douleurs

La pensée de Marie au pied de la Croix a aidé beaucoup de chrétiens à trouver un sens à leurs souffrances et à les assumer dans l'espérance d'une résurrection glorieuse.

Antienne d'ouverture

Le vieillard Syméon dit à la Vierge Marie :
« Vois : ton fils qui est là provoquera la chute
et le relèvement de beaucoup en Israël.
Il sera un signe de division, et toi-même, ton cœur sera transpercé
comme par une épée. » (Lc 2, 34-35)

Prière

Tu as voulu, Seigneur, que la Mère de ton Fils, debout près de la croix, fût associée à ses souffrances ; accorde à ton Église de s'unir, elle aussi, à la passion du Christ, afin d'avoir part à sa résurrection. Lui qui…
— *Amen.*

Lectures propres à la mémoire de Notre-Dame des Douleurs.

Lecture

de la lettre aux Hébreux (5, 7-9)

> *« Il a appris l'obéissance et il est devenu la cause du salut éternel »*

Le Christ, pendant les jours de sa vie dans la chair, offrit, avec un grand cri et dans les larmes, des prières et des supplications à Dieu qui pouvait le sauver de la mort, et il fut exaucé en raison de son grand respect. Bien qu'il soit le Fils, il apprit par ses souffrances l'obéissance et, conduit à sa perfection, il est devenu pour tous ceux qui lui obéissent la cause du salut éternel.

– Parole du Seigneur.

Psaume 30 (31)

℟ **Sauve-moi, mon Dieu, par ton amour.**

En toi, Seigneur, j'ai mon refuge ;
garde-moi d'être humilié pour toujours.
Dans ta justice, libère-moi ;
écoute, et viens me délivrer. ℟

Sois le rocher qui m'abrite,
la maison fortifiée qui me sauve.
Ma forteresse et mon roc, c'est toi :
pour l'honneur de ton nom,
    tu me guides et me conduis. ℟

Tu m'arraches au filet qu'ils m'ont tendu ;
oui, c'est toi mon abri.
En tes mains je remets mon esprit ;
tu me rachètes, Seigneur, Dieu de vérité. ℟

Moi, je suis sûr de toi, Seigneur,
je dis : « Tu es mon Dieu ! »
Mes jours sont dans ta main : délivre-moi
des mains hostiles qui s'acharnent. ℟

Qu'ils sont grands, tes bienfaits !
Tu les réserves à ceux qui te craignent.
Tu combles, à la face du monde,
ceux qui ont en toi leur refuge. ℟

12 - 18

Acclamation de l'Évangile

Alléluia. Alléluia. Bienheureuse, Vierge Marie ! Près de la croix du Seigneur, sans connaître la mort elle a mérité la gloire du martyre. ***Alléluia.***

Évangile de Jésus Christ

selon saint Jean (19, 25-27)

« Qu'elle avait mal, qu'elle souffrait, la tendre Mère,
en contemplant son divin Fils tourmenté ! »

Près de la croix de Jésus se tenaient sa mère et la sœur de sa mère, Marie, femme de Cléophas, et Marie Madeleine. Jésus, voyant sa mère, et près d'elle le disciple qu'il aimait, dit à sa mère : « Femme, voici ton fils. » Puis il dit au disciple : « Voici ta mère. » Et à partir de cette heure-là, le disciple la prit chez lui.

On peut aussi lire l'évangile selon saint Luc 2, 33-35.

Prière sur les offrandes

Pour la gloire de ton nom, Dieu de miséricorde, accepte les prières et les offrandes que nous te présentons en l'honneur de la sainte Vierge Marie, puisque tu as voulu qu'elle devienne notre mère quand elle se tenait près de la croix de Jésus. Lui qui vit… — ***Amen.***

Préface de la Vierge Marie, p. 208.

Antienne de la communion

Si vous avez part aux souffrances du Christ, réjouissez-vous : lorsque se manifestera sa gloire, cette joie ne connaîtra plus de limites.

(1 P 4, 13)

Prière après la communion

Après avoir reçu le sacrement de l'éternelle rédemption, nous te supplions, Seigneur : en rappelant la compassion de la bienheureuse Vierge Marie, puissions-nous accomplir, pour l'Église, ce qui reste à souffrir en nous des épreuves du Christ. Lui qui vit… — *Amen.*

INVITATION

Marie a pris part aux souffrances de Jésus.
Je lui demande d'intercéder pour moi et pour tous ceux qui souffrent.

12 - 18

COMMENTAIRE

Quand Dieu passe sans un mot   Jean 19, 25-27

Une mère pleure son enfant. Arrêtons-nous devant cette femme, Marie, et faisons silence pour respecter son cri de douleur. Car devant le drame le plus absolu, devant le chagrin le plus déchirant, les mots ne servent plus à rien. La parole laisse place à la présence, la proximité, la compassion. Ces gestes d'humanité sont aussi les signes du passage de Dieu au cœur de l'indicible. ∎

Père Bertrand Lesoing, communauté Saint-Martin

Saint Corneille et saint Cyprien

IIIᵉ siècle. Corneille, pape de 251 à 253, et son ami Cyprien, évêque de Carthage et grand écrivain ecclésiastique, favorisèrent le pardon des chrétiens apostats mais repentis.

Antienne d'ouverture

**Les épreuves affluent sur les justes,
mais chaque fois le Seigneur les délivre ;
il veille sur chacun de leurs os, pas un ne sera brisé.**

(Ps 33, 20-21)

Prière

Seigneur, tu as donné à ton peuple, dans les saints Corneille et Cyprien, des pasteurs dévoués et d'invincibles martyrs ; à leur prière, fortifie notre courage et notre foi, et accorde-nous de travailler avec empressement pour l'unité de l'Église. Par Jésus Christ… — *Amen.*

Lecture

de la première lettre de saint Paul apôtre à Timothée (4, 12-16)

> *« Veille sur toi-même et sur ton enseignement : tu obtiendras le salut, et pour toi-même et pour ceux qui t'écoutent »*

Bien-aimé, que personne n'ait lieu de te mépriser parce que tu es jeune ; au contraire, sois pour les croyants un modèle par ta parole et ta conduite, par ta charité, ta foi et ta pureté. En attendant que je vienne, applique-toi à lire l'Écriture aux fidèles, à les encourager et à les instruire. Ne néglige pas le don de la grâce en toi, qui t'a été donné au moyen d'une parole prophétique, quand le collège des Anciens a imposé les mains sur toi. Prends à cœur tout cela, applique-toi, afin que tous voient tes progrès. **Veille sur toi-même et sur ton enseignement. Maintiens-toi dans ces dispositions. En agissant ainsi, tu obtiendras le salut, et pour toi-même et pour ceux** qui t'écoutent. – Parole du Seigneur.

Psaume 110 (111)

℟ *Grandes sont les œuvres du Seigneur !*

OU

Alléluia !

Justesse et sûreté, les œuvres de ses mains,
sécurité, toutes ses lois établies
    pour toujours et à jamais,
accomplies avec droiture et sûreté ! ℟

Il apporte la délivrance à son peuple ;
son alliance est promulguée pour toujours :
saint et redoutable est son nom. ℟

La sagesse commence avec la crainte
    du Seigneur.
Qui accomplit sa volonté en est éclairé.
À jamais se maintiendra sa louange. ℟

12 - 18

Acclamation de l'Évangile
Alléluia. Alléluia. Venez à moi, vous tous qui peinez sous le poids du fardeau, dit le Seigneur, et moi, je vous procurerai le repos. **Alléluia.**

Évangile de Jésus Christ
selon saint Luc (7, 36-50)

« Ses péchés, ses nombreux péchés, sont pardonnés, puisqu'elle a montré beaucoup d'amour »

En ce temps-là, un pharisien avait invité Jésus à manger avec lui. Jésus entra chez lui et prit place à table. Survint une femme de la ville, une pécheresse. Ayant appris que Jésus était attablé dans la maison du pharisien, elle avait apporté un flacon d'albâtre contenant un parfum. Tout en pleurs, elle se tenait derrière lui, près de ses pieds, et elle se mit à mouiller de ses larmes les pieds de Jésus. Elle les essuyait avec ses cheveux, les couvrait de baisers et répandait sur eux le parfum.

En voyant cela, le pharisien qui avait invité Jésus se dit en lui-même : « Si cet homme était prophète, il saurait qui est cette femme qui le touche, et ce qu'elle est : une pécheresse. » Jésus, prenant la parole, lui dit : « Simon, j'ai quelque chose à te dire. – Parle, Maître. » Jésus reprit : « Un créancier avait deux débiteurs ; le premier lui devait cinq cents pièces d'argent, l'autre cinquante. Comme ni l'un ni l'autre ne pouvait les lui rembourser, il en fit grâce à tous deux. Lequel des deux l'aimera davantage ? » Simon répondit : « Je suppose que c'est celui à qui on a fait grâce de la plus grande dette. – Tu as raison », lui dit Jésus. Il se tourna vers la femme et dit à Simon : « Tu vois cette femme ? Je suis entré dans ta maison, et tu ne m'as pas versé de l'eau sur les pieds ; elle, elle les a mouillés de ses larmes et essuyés avec ses cheveux. Tu ne m'as pas embrassé ; elle, depuis qu'elle est entrée, n'a pas cessé d'embrasser mes pieds. Tu n'as pas fait d'onction sur ma tête ; elle, elle a répandu du parfum sur mes pieds. Voilà pourquoi je te le dis : ses péchés, ses nombreux péchés, sont pardonnés, puisqu'elle a montré beaucoup d'amour. Mais celui à qui on pardonne peu montre peu d'amour. » Il dit alors à la femme : « Tes péchés sont pardonnés. » Les convives se mirent à dire en eux-mêmes : « Qui est cet homme, qui va jusqu'à pardonner les péchés ? » Jésus dit alors à la femme : « Ta foi t'a sauvée. Va en paix ! »

Prière sur les offrandes

Accepte, nous t'en prions, Seigneur, l'offrande que ton peuple te présente pour célébrer la passion de tes martyrs ; qu'elle nous obtienne d'être fermes dans l'adversité comme elle rendit courageux dans la persécution les saints Corneille et Cyprien. Par Jésus… — *Amen.*

Antienne de la communion

Le Fils de l'homme n'est pas venu pour être servi, mais pour servir et donner sa vie en rançon pour la multitude.

(Mt 20, 28)

JEUDI 16 SEPTEMBRE 2021

Prière après la communion

Par le sacrement que nous avons reçu de toi, Seigneur, accorde-nous cette grâce : puissions-nous, à l'exemple des saints Corneille et Cyprien, être forts de la force de ton Esprit, afin de rendre témoignage à la vérité de l'Évangile. Par Jésus…

— *Amen.*

INVITATION

Je m'applique à lire l'Écriture et, par ma parole et ma conduite, j'encourage les plus jeunes autour de moi à faire de même.

COMMENTAIRE

Un parfum qui s'échappe

Luc 7, 36-50

En cette femme qui verse du parfum sur les pieds de Jésus, Simon le pharisien ne perçoit que le visage et l'odeur du péché. Jésus, lui, est comme saisi par le parfum qui s'exhale du vase d'albâtre. Question de regard, question d'odeur. Ouvrons nos sens : quelle que soit la noirceur de sa vie, tout homme, toute femme porte un petit vase d'albâtre, un trésor caché qui ne demande qu'à s'échapper, tel un parfum d'agréable odeur. ■

Père Bertrand Lesoing, communauté Saint-Martin

Temps ordinaire, *suggestion d'oraisons et d'antiennes nº 22*
ou **saint Robert Bellarmin,** *voir p. 116*
ou **sainte Hildegarde de Bingen,** *voir p. 117*

Antienne d'ouverture

Prends pitié de moi, Seigneur, toi que je supplie tout le jour ;
toi, tu es bon, tu pardonnes, tu es plein d'amour
pour tous ceux qui t'appellent. (Ps 85, 3. 5)

Prière

Dieu puissant, de qui vient tout don parfait, enracine en nos cœurs l'amour de ton nom ; resserre nos liens avec toi, pour développer ce qui est bon en nous ; veille sur nous avec sollicitude, pour protéger ce que tu as fait grandir. Par Jésus Christ… — **Amen.**

Lecture

de la première lettre de saint Paul apôtre à Timothée (6, 2c-12)

« Toi, homme de Dieu, recherche la justice »

Bien-aimé, voilà ce que tu dois enseigner et recommander. Si quelqu'un donne un enseignement différent, et n'en vient pas aux paroles solides, celles de notre Seigneur Jésus Christ, et à l'enseignement qui est en accord avec la piété, un tel homme est aveuglé par l'orgueil, il ne sait rien, c'est un malade de la discussion et des querelles de mots. De tout cela, il ne sort que jalousie, rivalité, blasphèmes, soupçons malveillants,

12 - 18

disputes interminables de gens à l'intelligence corrompue, qui sont coupés de la vérité et ne voient dans la religion qu'une source de profit. Certes, il y a un grand profit dans la religion si l'on se contente* de ce que l'on a. De même que nous n'avons rien apporté dans ce monde, nous n'en pourrons rien emporter. Si nous avons de quoi manger et nous habiller, sachons nous en contenter. Ceux qui veulent s'enrichir tombent dans le piège de la tentation, dans une foule de convoitises absurdes et dangereuses, qui plongent les gens dans la ruine et la perdition. Car la racine de tous les maux, c'est l'amour de l'argent. Pour s'y être attachés, certains se sont égarés loin de la foi et se sont infligé à eux-mêmes des tourments sans nombre. Mais toi, homme de Dieu, fuis tout cela ; recherche la justice, la piété, la foi, la charité, la persévérance et la douceur. Mène le bon combat, celui de la foi, empare-toi de la vie éternelle ! C'est à elle que tu as été appelé, c'est pour elle que tu as prononcé ta belle profession de foi devant de nombreux témoins.

– Parole du Seigneur.

Psaume 48 (49)

℟ *Heureux les pauvres de cœur, car le royaume des Cieux est à eux !*

Pourquoi craindre aux jours de malheur
ces fourbes qui me talonnent pour m'encercler,
ceux qui s'appuient sur leur fortune
et se vantent de leurs grandes richesses ? ℟

Nul ne peut racheter son frère
ni payer à Dieu sa rançon :
aussi cher qu'il puisse payer,
toute vie doit finir. ℟

Ne crains pas l'homme qui s'enrichit,
qui accroît le luxe de sa maison :
aux enfers il n'emporte rien ;
sa gloire ne descend pas avec lui. ℟

De son vivant, il s'est béni lui-même :
« On t'applaudit car tout va bien pour toi ! »
Mais il rejoint la lignée de ses ancêtres
qui ne verront jamais plus la lumière. ℟

Acclamation de l'Évangile

Alléluia. Alléluia. Tu es béni, Père, Seigneur du ciel et de la terre, tu as révélé aux tout-petits les mystères du Royaume ! **Alléluia.**

Évangile de Jésus Christ

selon saint Luc (8, 1-3)

*« Des femmes les accompagnaient
et les servaient en prenant sur leurs ressources »*

En ce temps-là, il arriva que Jésus, passant à travers villes et villages, proclamait et annonçait la Bonne Nouvelle du règne de Dieu. Les Douze l'accompagnaient, ainsi que des femmes qui avaient été guéries de maladies et d'esprits mauvais : Marie, appelée Madeleine, de laquelle étaient sortis sept démons, Jeanne, femme de Kouza, intendant d'Hérode, Suzanne, et beaucoup d'autres, qui les servaient en prenant sur leurs ressources.

Prière sur les offrandes

Que l'offrande eucharistique, Seigneur, nous apporte toujours la grâce du salut ; que ta puissance accomplisse elle-même ce que nous célébrons dans cette liturgie. Par Jésus… — **Amen.**

12 - 18

VENDREDI 17 SEPTEMBRE 2021

Antienne de la communion

Qu'elle est grande, Seigneur,
ta bonté envers ceux qui t'adorent !
(Ps 30, 20)

OU

Heureux les artisans de paix :
ils seront appelés fils de Dieu !
Heureux ceux qui sont persécutés
pour la justice : le royaume
des Cieux est à eux !
(Mt 5, 9-10)

Prière après la communion

Rassasiés par le pain de la vie, nous te prions, Seigneur : que cette nourriture fortifie l'amour en nos cœurs, et nous incite à te servir dans nos frères. Par Jésus… — **Amen.**

INVITATION

Je choisis à qui je vais faire un don, association ou personne en difficulté.

Offrez *Prions en Église* à un proche...

...et recevez en cadeau le nouvel *Ordinaire de la messe*

Parce que **la prière nous relie** les uns aux autres

Parrainez un proche et recevez **en cadeau** le nouvel *Ordinaire de la messe*

Vous le recevrez début novembre.

Retrouvez la **nouvelle traduction du Missel romain** dans ce livret à l'occasion de sa mise en application au début de l'Avent 2021. **Pratique et complet**, vous y trouverez:

- **tous les nouveaux textes de prière pour la célébration de la messe**, le dimanche comme pour tous les jours de l'année;

- **tout le rituel de la messe**;

- des rites initiaux à l'envoi en passant par la liturgie de la Parole;

- les prières eucharistiques...

BULLETIN DE PARRAINAGE

☐ OUI, j'offre *Prions en Église* à un proche
et je reçois en cadeau le nouvel *Ordinaire de la messe*

OFFERT

1 an / 12 nᵒˢ	France	UE/DROM	Autres pays
Format poche (13 x 11,9 cm)	☐ **45 €**	☐ 48 €	☐ 54 €
Grand format (16 x 14,6 cm)	☐ **52 €**	☐ 55 €	☐ 61 €

GRELHS091

Mes coordonnées pour recevoir le livret : (merci d'écrire en lettres CAPITALES) N170115

☐ Mᵐᵉ ☐ M.   Prénom

Nom

Complément d'adresse (résid./Esc./Bât.)

Nᵒ et voie (rue/Av./Bd...)

Code postal   Ville/Pays

Date de naissance J J M M A A A A   Téléphone

E-mail   @   .

J'offre un abonnement à *Prions en Église* à :

☐ Mᵐᵉ ☐ M.   Prénom

Nom

Complément d'adresse (résid./Esc./Bât.)

Nᵒ et voie (rue/Av./Bd...)

Code postal   Ville/Pays

Date de naissance J J M M A A A A   Téléphone

E-mail   @   .

 Par courrier : renvoyez ce bulletin accompagné de votre chèque à l'ordre de « Bayard » à : **Bayard - TSA 60007 - 59714 Lille CEDEX 9 - France**

Par internet sur **librairie-bayard.com/parrainprions**

Par téléphone au **01 74 31 15 01** (numéro non surtaxé) avec le code offre N170115

Prions en Église

Chers amis,

En ce mois de septembre, la nativité de la Vierge Marie nous rappelle celle qui a eu le courage de dire oui, sans condition, à Dieu.

C'est une fête joyeuse, une occasion pour nous de réaffirmer notre foi et de la partager. C'est pourquoi nous vous invitons à **offrir un abonnement à** *Prions en Église* à ceux qui vous sont chers. Un cadeau qu'ils retrouveront, grâce à vous, chaque jour sur leur chemin de prière. Vous leur offrirez ainsi une source où abreuver leur soif spirituelle et puiser la joie de dire oui à Dieu, sans condition.

À très bientôt.

K Bustica

Karem Bustica
Rédactrice en chef
de *Prions en Église*

Photo Pierre-Emmanuel Charon

C'est avec beaucoup de joie

que je t'offre un abonnement d'un an à *Prions en Église*.
Il t'accompagnera dans ta prière chaque jour.

De la part de ....

Pour ....

« Voici la servante
du Seigneur ;
que tout m'advienne
selon ta parole »

Luc 1 : 26-38

PrionsenÉglise

Photo : Vierge bleue de Bocca d'Oro, Corse.
© Unclesam/Adobe Stock

COMMENTAIRE

Éternelle cohorte — Luc 8, 1-3

Drôle de cohorte que celle suivant le Christ à travers villes et villages : des hommes, des femmes, des jeunes, des vieux, des disciples fidèles, d'autres qui ne l'accompagnent qu'un temps. Un groupe bigarré, avec de solides amitiés, probablement aussi quelques frictions, jalousies et frottements de caractère. Bref, une image vivante de ce que sont nos communautés chrétiennes depuis les origines ! ∎

Père Bertrand Lesoing, communauté Saint-Martin

✲ CLÉ DE LECTURE

« Si l'on se contente » — 1 Timothée 6, 6 *(p. 112)*

L'Église d'Éphèse, en monde grec saturé de propositions religieuses et philosophiques diverses, voit apparaître des leaders et gourous en tout genre, offrant à prix d'or leurs élaborations pseudo-spirituelles. Ne cédons pas trop vite à la tentation d'actualiser cette dénonciation. Mais il faut entendre la mise en garde : tout ce qui outrepasse « ce que l'on a », le don premier de Dieu qui est le Christ Jésus, risque de dériver vers la suffisance et l'arrogance, la jalousie et le soupçon. Le terme d'« autarcie » ne signifie pas que les croyants s'enferment dans leur tour d'ivoire, mais au contraire qu'ils se contentent d'accueillir ce qui leur vient des autres et du monde dans le « respect » de chacun : c'est le sens du mot traduit par « religion ». ∎

Roselyne Dupont-Roc, bibliste

12 - 18

Saint Robert Bellarmin

Couleur liturgique : blanc

1542-1621. Jésuite né en Toscane. Par la parole et par l'écrit, il s'attacha à défendre la doctrine catholique contre les affirmations des réformés. Docteur de l'Église.

Antienne d'ouverture

Le Seigneur s'est choisi saint Robert Bellarmin comme prêtre, et, lui ouvrant ses trésors, il lui a donné de faire beaucoup de bien.

Prière

Seigneur, tu as donné à saint Robert Bellarmin une science et une force étonnantes pour défendre la foi de l'Église ; par son intercession, accorde à ton peuple le bonheur de garder cette foi dans toute sa pureté. Par Jésus Christ… — *Amen.*

Prière sur les offrandes

Exauce notre prière, Seigneur : permets qu'au jour où nous fêtons saint Robert Bellarmin, ce sacrifice nous apporte le salut, puisque, dans cette immolation, tu as voulu que soient réunis les péchés du monde entier. Par Jésus… — *Amen.*

Antienne de la communion

Le bon pasteur, le vrai berger, donne sa vie pour ses brebis.
(cf. Jn 10, 11)

Prière après la communion

Que cette communion, Seigneur notre Dieu, ravive en nous l'ardeur de charité et nous brûle de ce feu qui dévorait saint Robert Bellarmin, alors qu'il se dépensait pour ton Église. Par Jésus… — *Amen.*

Sainte Hildegarde de Bingen

Couleur liturgique : blanc

1098-1179. Le don de la prophétie et les écrits mystiques de cette abbesse bénédictine allemande la rendirent célèbre dans toute la chrétienté. Docteur de l'Église depuis 2012.

Antienne d'ouverture

Par sa vie entièrement consacrée à Dieu, sainte Hildegarde de Bingen a mérité d'entendre cet appel : « Viens, épouse du Christ, reçois pour toujours la couronne que le Seigneur t'a préparée. »

Prière

Seigneur Dieu, source de la vie, tu as rempli sainte Hildegarde de l'esprit prophétique ; nous t'en prions : accorde-nous, à son exemple et par son intercession, de connaître tes chemins et, dans l'obscurité de ce monde, de percevoir la clarté de ta lumière. Par Jésus Christ, ton Fils, notre Seigneur qui vit et règne avec toi dans l'unité du Saint-Esprit, Dieu, pour les siècles des siècles. — *Amen.*

Prière sur les offrandes

Accepte, Seigneur, l'humble hommage que nous te présentons en la fête de sainte Hildegarde ; et par ce sacrifice pur et parfait, fais-nous brûler d'amour en ta présence. Par Jésus… — *Amen.*

Antienne de la communion

Sainte Hildegarde, vigilante et fidèle, a choisi la meilleure part : elle ne lui sera pas enlevée. (cf. Lc 10, 42)

Prière après la communion

Déjà réconfortés par le pain du ciel, nous implorons ta bonté, Seigneur : en ce jour où nous célébrons la fête de sainte Hildegarde, accorde-nous le pardon de nos fautes, donne à nos corps la santé, à nos âmes, ta grâce et la gloire sans fin. Par Jésus… — *Amen.*

12 - 18

Temps ordinaire, *suggestion d'oraisons et d'antiennes n°23*
ou **bienheureuse Vierge Marie,** *voir p. 30*

Antienne d'ouverture

Tu es juste, Seigneur, et tes jugements sont droits :
agis pour ton serviteur selon ton amour,
enseigne-moi tes volontés. (Ps 118, 137. 124)

Prière

Dieu qui as envoyé ton Fils pour nous sauver et pour faire de nous tes enfants d'adoption, regarde avec bonté ceux que tu aimes comme un père ; puisque nous croyons au Christ, accorde-nous la vraie liberté et la vie éternelle. Par Jésus Christ… — *Amen.*

Lecture

de la première lettre de saint Paul apôtre à Timothée (6, 13-16)

« Garde le commandement, en demeurant sans tache,
jusqu'à la Manifestation de notre Seigneur »

Bien-aimé, en présence de Dieu qui donne vie à tous les êtres, et en présence du Christ Jésus qui a témoigné devant Ponce Pilate par une belle affirmation, voici ce que je t'ordonne : garde le commandement du Seigneur, en demeurant sans tache, irréprochable jusqu'à la Manifestation de notre Seigneur Jésus Christ. Celui qui le fera paraître aux temps fixés, c'est Dieu, Souverain unique et bienheureux, Roi des rois et Seigneur des seigneurs ; lui seul possède l'immortalité, habite une lumière inaccessible ; aucun homme ne l'a jamais vu, et nul ne peut le voir. À lui, honneur et puissance éternelle. Amen. – Parole du Seigneur.

Psaume 99 (100)

℟ **Allez vers le Seigneur parmi les chants d'allégresse.**

Acclamez le Seigneur, terre entière,
servez le Seigneur dans l'allégresse,
venez à lui avec des chants de joie ! ℟

Reconnaissez que le Seigneur est Dieu :
il nous a faits, et nous sommes à lui,
nous, son peuple, son troupeau. ℟

Venez dans sa maison lui rendre grâce,
dans sa demeure chanter ses louanges ;
rendez-lui grâce et bénissez son nom ! ℟

Oui, le Seigneur est bon,
éternel est son amour,
sa fidélité demeure d'âge en âge. ℟

Acclamation de l'Évangile

Alléluia. Alléluia. Heureux ceux qui ont entendu la Parole dans un cœur bon et généreux, qui la retiennent et portent du fruit par leur persévérance. **Alléluia.**

Évangile de Jésus Christ

selon saint Luc (8, 4-15)

« Ce qui est tombé dans la bonne terre, ce sont les gens qui retiennent la Parole et portent du fruit par leur persévérance »

En ce temps-là, comme une grande foule se rassemblait, et que de chaque ville on venait vers Jésus, il dit dans une parabole : « Le semeur sortit pour semer la semence, et comme il semait, il en tomba au bord du chemin. Les passants la piétinèrent, et les oiseaux du ciel mangèrent tout. Il en tomba aussi dans les pierres, elle poussa et elle sécha parce qu'elle n'avait pas d'humidité. Il en tomba aussi au milieu des ronces, et les ronces, en poussant avec elle, l'étouffèrent. Il en tomba enfin dans la bonne terre, elle poussa et elle donna du fruit au centuple. » Disant cela, il éleva la voix : « Celui qui a des oreilles pour entendre, qu'il entende ! »

Ses disciples lui demandaient ce que signifiait cette parabole. Il leur déclara : « À vous il est donné de connaître les mystères du royaume de Dieu, mais les autres n'ont que les paraboles. Ainsi, comme il est écrit : *Ils regardent sans regarder, ils entendent sans comprendre.*

« Voici ce que signifie la parabole. La semence, c'est la parole de Dieu. Il y a ceux qui sont au bord du chemin : ceux-là ont entendu ; puis le diable survient et il enlève de leur cœur la Parole, pour les empêcher de croire et d'être sauvés. Il y a ceux qui sont dans les pierres : lorsqu'ils entendent, ils accueillent la Parole avec joie ; mais ils n'ont pas de racines, ils croient pour un moment et, au moment de l'épreuve, ils abandonnent. Ce qui est tombé dans les ronces, ce sont les gens qui ont entendu, mais qui sont étouffés, chemin faisant, par les soucis, la richesse et les plaisirs de la vie, et ne parviennent pas à maturité. Et ce qui est tombé dans la bonne terre, ce sont les gens qui ont entendu la Parole dans un cœur bon et généreux, qui la retiennent et portent du fruit par leur persévérance. »

Prière sur les offrandes

Dieu qui donnes la grâce de te servir avec droiture et de chercher la paix, fais que cette offrande puisse te glorifier, et que notre participation à l'eucharistie renforce les liens de notre unité. Par Jésus… — **Amen.**

Antienne de la communion

Comme une biche languit
après l'eau vive, ainsi mon âme
languit vers toi, mon Dieu.
Mon âme a soif de Dieu,
du Dieu vivant.
(Ps 41, 2-3)
OU
« Je suis la lumière du monde,
dit le Seigneur, celui qui me suit
ne marchera pas dans les ténèbres :
il aura la lumière de la vie. »
(Jn 8, 12)

Prière après la communion

Par ta parole et par ton pain, Seigneur, tu nourris et fortifies tes fidèles : accorde-nous de si bien profiter de ces dons que nous soyons associés pour toujours à la vie de ton Fils. Lui qui… — **Amen.**

12 - 18

SAMEDI 18 SEPTEMBRE 2021

INVITATION

La Parole pousse en moi comme une graine.
Quelle terre le semeur a-t-il trouvée en moi ?

COMMENTAIRE

Confiante semaille Luc 8, 4-15

Le semeur est sorti pour semer la semence, et il l'a fait largement, d'un geste ample, sans calcul, sans retenue, au bord du chemin, dans les pierres et au milieu des ronces. Rien n'y a poussé, mais sa joie a été de semer. Rien ne semble croître et pousser dans nos vies ? Qu'importe ! Continuons à semer autour de nous de la joie, de la paix et de l'espoir. La terre finira bien par donner son fruit. ■

Père Bertrand Lesoing, communauté Saint-Martin

DIMANCHE 19 SEPTEMBRE 2021

25ᵉ DIMANCHE DU TEMPS ORDINAIRE

ANNÉE B COULEUR LITURGIQUE : VERT

« *Si quelqu'un veut être le premier,
qu'il soit le serviteur de tous.* »

Marc 9, 35

© Marion Duval

Jésus annonce le cœur même de notre foi : sa mort et sa résurrection.
Préoccupés qu'ils sont d'avoir une place sous le soleil de Dieu, les disciples ne comprennent pas Jésus. Rien d'exaltant dans son annonce aux futurs messagers de l'Évangile et à l'Église, invités à accueillir avec simplicité tous les hommes, quels qu'ils soient.

OUVERTURE DE LA CÉLÉBRATION

Chant d'entrée (Suggestions p. 228)
OU
Antienne d'ouverture
« Je suis le sauveur de mon peuple, dit le Seigneur,
s'il crie vers moi dans les épreuves, je l'exauce ;
je suis son Dieu pour toujours. »

Suggestion de préparation pénitentielle (ou p. 201)
C'est en notre faveur que Dieu intervient. Implorons sa miséricorde
et accueillons son pardon.

Seigneur Jésus, doux et humble de cœur, Kyrie eleison.
— *Kyrie eleison.*
Ô Christ, Serviteur des serviteurs, Christe eleison.
— *Christe eleison.*
Seigneur, Messie crucifié, Kyrie eleison.
— *Kyrie eleison.*

Que Dieu tout-puissant nous fasse miséricorde ; qu'il nous pardonne
nos péchés et nous conduise à la vie éternelle. — *Amen.*

Gloire à Dieu (p. 202)

Prière

Seigneur, tu as voulu que toute la loi consiste à t'aimer et à aimer son prochain : donne-nous de garder tes commandements, et de parvenir ainsi à la vie éternelle. Par Jésus Christ… — *Amen.*

LITURGIE DE LA PAROLE

Lecture du livre de la Sagesse (2, 12. 17-20)

« Condamnons-le à une mort infâme »

Ceux qui méditent le mal se disent en eux-mêmes : « Attirons le juste dans un piège, car il nous contrarie, il s'oppose à nos entreprises, il nous reproche de désobéir à la loi de Dieu, et nous accuse d'infidélités à notre éducation. Voyons si ses paroles sont vraies, regardons comment il en sortira. Si le juste est fils de Dieu, Dieu l'assistera, et l'arrachera aux mains de ses adversaires. Soumettons-le à des outrages et à des tourments ; nous saurons ce que vaut sa douceur, nous éprouverons sa patience. Condamnons-le à une mort infâme, puisque, dit-il, quelqu'un interviendra pour lui. »

– Parole du Seigneur.

Psaume 53 (54)

℟. **Le Seigneur est mon appui entre tous.**

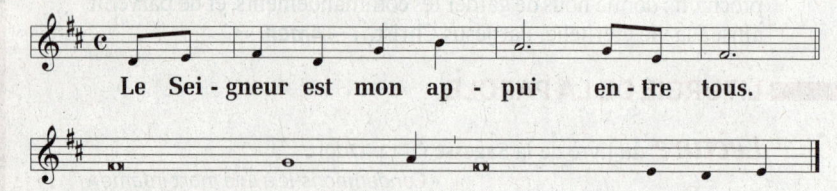

Le Sei - gneur est mon ap - pui en - tre tous.

T. : AELF ; M. : L. Groslambert ; Éd. : ADF.

Par ton nom, Dieu, sauve-moi,
par ta puissance rends-moi justice ;
Dieu, entends ma prière,
écoute les paroles de ma bouche. ℟.

Des étrangers se sont levés contre moi,
des puissants cherchent ma perte :
ils n'ont pas souci de Dieu. ℟.

Mais voici que Dieu vient à mon aide,
le Seigneur est mon appui entre tous.
De grand cœur, je t'offrirai le sacrifice,
je rendrai grâce à ton nom, car il est bon ! ℟.

Retrouvez
ce psaume sur le CD
"Les psaumes
de l'année B"

Lecture de la lettre de saint Jacques (3, 16 – 4, 3)

*« C'est dans la paix qu'est semée la justice,
qui donne son fruit aux artisans de la paix »*

Bien-aimés, la jalousie et les rivalités mènent au désordre et à toutes sortes d'actions malfaisantes. Au contraire, la sagesse qui vient d'en haut est d'abord pure, puis pacifique, bienveillante, conciliante, pleine de miséricorde et féconde en bons fruits, sans parti pris, sans hypocrisie. C'est dans la paix qu'est semée la justice, qui donne son fruit aux artisans de la paix. D'où viennent les guerres, d'où viennent les conflits entre vous ? N'est-ce pas justement de tous ces désirs qui mènent leur combat en vous-mêmes ? Vous êtes pleins de convoitises et vous n'obtenez rien, alors vous tuez ; vous êtes jaloux et vous n'arrivez pas à vos fins, alors vous entrez en conflit et vous faites la guerre. Vous n'obtenez rien parce que vous ne demandez pas ; vous demandez, mais vous ne recevez rien ; en effet, vos demandes sont mauvaises, puisque c'est pour tout dépenser en plaisirs.

– Parole du Seigneur.

Acclamation de l'Évangile

Alléluia. Alléluia. Par l'annonce de l'Évangile, Dieu nous appelle à partager la gloire de notre Seigneur Jésus Christ. **Alléluia.**

Al-lé - lu-ia, al-lé-lu-ia, al-lé-lu-ia.

U 22-80 ; T. : AELF ; M. : M. Wackenheim ; Bayard liturgie.

Évangile de Jésus Christ selon saint Marc (9, 30-37)

« Le Fils de l'homme est livré…
Si quelqu'un veut être le premier, qu'il soit le serviteur de tous »

En ce temps-là, Jésus traversait la Galilée avec ses disciples, et il ne voulait pas qu'on le sache, car il enseignait ses disciples en leur disant : « Le Fils de l'homme est livré aux mains des hommes ; ils le tueront et, trois jours après sa mort, il ressuscitera. » Mais les disciples ne comprenaient pas ces paroles et ils avaient peur de l'interroger.

Ils arrivèrent à Capharnaüm, et, une fois à la maison, Jésus leur demanda : « De quoi discutiez-vous en chemin ? » Ils se taisaient, car, en chemin, ils avaient discuté entre eux pour savoir qui était le plus grand. S'étant assis, Jésus appela les Douze et leur dit : « Si quelqu'un veut être le premier, qu'il soit le dernier de tous et le serviteur de tous. » Prenant alors un enfant, il le plaça au milieu d'eux, l'embrassa, et leur dit : « Quiconque accueille en mon nom un enfant comme celui-ci, c'est moi qu'il accueille. Et celui qui m'accueille, ce n'est pas moi qu'il accueille, mais Celui qui m'a envoyé. »

Homélie

Profession de foi (p. 203)

Suggestion de prière universelle
Le prêtre:
Tournons-nous vers le Père et confions-lui notre prière.
℟ *Seigneur, écoute-nous, Seigneur, exauce-nous.*

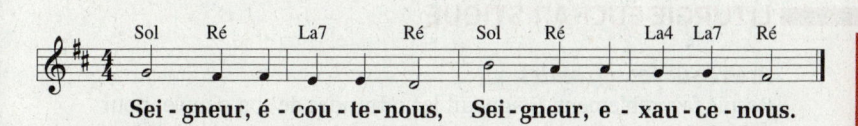

Sei - gneur, é - cou - te - nous, Sei - gneur, e - xau - ce - nous.

D. R. ; T. et M. : J. Gelineau.

Le diacre ou un lecteur :

Prions pour que de nombreux jeunes entendent l'invitation du pape François à vivre selon une écologie durable et solidaire. ℟

Prions en cette Journée du patrimoine, pour que chacun de nous essaie de transmettre aux jeunes générations les valeurs spirituelles et culturelles qui nous font vivre. ℟

Prions pour que nos frères aînés, les Juifs, fêtent Roch Hachana, leur Nouvel An, dans la joie et les chants. ℟

Prions pour que nos responsables politiques, en suivant les paroles de saint Jacques, sèment la justice dans la paix et évitent ainsi la guerre. ℟

(Ces intentions seront adaptées ou modifiées selon les circonstances.)

Le prêtre :

Père, toi qui nous appelles à suivre ton Fils, c'est dans la confiance que nous t'adressons notre prière, par Jésus, le Christ, notre Sauveur. **— Amen.**

LITURGIE EUCHARISTIQUE

Prière sur les offrandes

Reçois favorablement, Seigneur, les offrandes de ton peuple, pour qu'il obtienne dans le mystère eucharistique les biens auxquels il croit de tout son cœur. Par Jésus… **— Amen.**

Prière eucharistique (Préface des dimanches, p. 207)

Chant de communion (Suggestions p. 228)
OU
Antienne de la communion
Tu nous as ordonné, Seigneur, de garder fidèlement tes préceptes ;
puissions-nous avancer au droit chemin selon tes commandements.
(Ps 118, 4-5)
OU
Le Seigneur nous dit : « Je suis le Bon Pasteur ; je connais
mes brebis et mes brebis me connaissent. »
(Jn 10, 14)

Prière après la communion
Seigneur, que ton aide accompagne toujours ceux que tu as nourris
de tes sacrements, afin qu'ils puissent, dans ces mystères et par toute
leur vie, recueillir les fruits de la rédemption. Par Jésus… — *Amen.*

CONCLUSION DE LA CÉLÉBRATION

Bénédiction

Envoi

COMMENTAIRE DU DIMANCHE

Karem Bustica, rédactrice en chef de *Prions en Église*

Déconcertantes logiques

Combien ils nous sont proches, les disciples du récit de ce dimanche ! L'annonce de la mort et de la résurrection de Jésus les plonge dans l'incompréhension et la peur, dans la tristesse aussi, comme le note le récit de Matthieu (17, 23). Ces disciples qui ont passé tant de temps auprès du Maître, assidus aux enseignements et témoins de ses faits et gestes, se montrent à la fois intimes et bien étrangers aux paroles de Jésus. Comme nous. Aussi, pouvons-nous nous étonner en les entendant se demander qui d'entre eux est le plus grand ? Jésus lui-même ne s'en est pas ému. Au contraire, il leur a enseigné comment faire pour être le plus grand, pour être le premier.

Toutes les logiques se renversent dans ce court passage. Le Messie tant attendu ? Livré, tué et ressuscité trois jours plus tard. Le premier ? C'est le dernier et le serviteur de tous. Se faire proche des petits ? C'est accueillir Jésus et accueillir son Père. Il y a de quoi être déconcerté. C'est alors que l'image de l'enfant placé au milieu des disciples peut nous éclairer. Non pas à cause de la valeur psychologique ou morale qu'il est d'usage de prêter à l'enfance, mais plus essentiellement par ce qu'un enfant se définit en rapport à un parent. Et que Jésus semble nous dire : il est temps de découvrir que Dieu est votre Père. Il vous donne la vie.

Si Jésus me posait la même question qu'aux disciples, quelle serait ma réponse aujourd'hui ?

« Si quelqu'un veut être le premier, qu'il soit le dernier. » Comment est-ce que je comprends cette parole ? Comment est-ce que je l'accueille notamment dans l'exercice de mes responsabilités ? ■

†PrionsenÉglise
Junior

LIRE L'ÉVANGILE AVEC LES ENFANTS

CE QUE JE DÉCOUVRE

Les disciples s'interrogent pour savoir
qui est le plus grand. En guise de réponse,
Jésus prend un enfant et le place
au milieu d'eux. «Celui qui accueille un enfant,
c'est moi qu'il accueille », leur dit-il.
C'est surprenant. Mais Jésus, lui aussi,
est un enfant : il est le Fils de Dieu.
Nous aussi, grâce à Jésus, **nous sommes tous
des enfants de Dieu.**
Et Dieu nous accueille tels que nous sommes.

CE QUE JE VIS

Quand veux-tu être le plus grand, le plus fort ?
Quand tu invites quelqu'un chez toi,
à quoi fais-tu attention pour bien l'accueillir ?
**Assieds-toi en tailleur. Mets tes mains sur tes genoux.
Prie en répétant : « Jésus,
tu m'aimes comme je suis. »**

Texte : P. Cédric Kuntz. Illustrations : Marcelino Truong

MÉDITATION BIBLIQUE
25ᴱ DIMANCHE DU TEMPS ORDINAIRE
Évangile selon saint Marc 9, 30-37

Serviteur de tous

**Jésus renverse les valeurs qui structurent spontanément la vie des humains : être le premier, être le plus grand…
Or pas d'autre manière d'être grand que de se laisser configurer au Christ, serviteur et sagesse de Dieu.**

Le temps de la préparation

« Par ton nom, Dieu, sauve-moi. »
Ps 53 (54), 3

Le temps de l'observation

Une fois encore, Jésus se déplace, mais en secret cette fois-ci. C'est dans ce cadre qu'il annonce sa Passion pour la deuxième fois : « Le Fils de l'homme est livré aux mains des hommes ; ils le tueront… » Autant dire que tous sont susceptibles de mettre Jésus à mort. Un propos qui n'est pas sans rappeler la parabole de la semence où tous ont la liberté d'accueillir ou non la parole de Dieu, de recevoir ou non le Verbe. Mais recevoir celui qui a choisi de se faire vulnérable et serviteur a de quoi susciter quelques appréhensions, voire la peur. Il n'est pas indifférent que le Christ tienne ce propos en …

19 - 25

…« chemin », en ce lieu d'itinérance où il transforme les hommes qu'il a choisis en disciples. Une transformation difficile, comme le révèle le questionnement décalé de ces derniers au sujet du « plus grand ». Englués dans le comparatif et dans une échelle de valeurs tout humaine, ils passent encore une fois à côté de la nouveauté de l'Évangile.

Le temps de la méditation

Avons-nous réalisé que le Christ s'en remet à chacun de nous, que nous avons le pouvoir de le laisser vivre en nous ou d'étouffer ce qu'il nous offre, le pouvoir de créer le « désordre » par nos rivalités et nos envies ou par nos peurs (Jc 3) ? Ne sommes-nous pas appelés à une conversion radicale qui certes s'inscrit dans le temps, comme ce fut le cas pour les disciples, mais dont l'horizon n'en est pas moins de devenir d'« autres christs », c'est-à-dire des serviteurs, tel le Messie doux et humble de cœur (Mt 11, 29), qui ne regarde pas aux apparences, et a donné sa vie pour tous, sans distinction ? À chacun de consentir à devenir l'un de ces petits qui met sa confiance en Dieu, dont il sait tenir son être et son devenir, qui sait être solidaire des souffrances d'autrui ! Mais souvent, « la fumée de l'orgueil », comme le dit saint Augustin, nous fait perdre de vue cette réalité. D'où l'importance de l'humilité-vérité, laquelle est à demander comme un don précieux.

Le temps de la prière

« Viens en nous, Esprit Saint » (Liturgie). ∎

Sœur Emmanuelle Billoteau,
ermite

PARTAGE BIBLIQUE

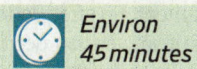 Environ
45 minutes

 Une bible
ou Prions en Église, *page 127*

DANS LA PAIX, LA JUSTICE (JC 3, 16 – 4, 3)

Lire

La lettre de Jacques mérite qu'on la lise en entier. Prenons le temps de méditer déjà ce passage.

Comprendre le texte

La sagesse que Jacques récuse est jalouse de son savoir et rivalise pour asseoir son emprise sur les gens, elle se met en avant jusqu'à mentir pour affirmer sa vérité. Elle ne provient pas de Dieu, mais en reste au niveau des réalités terrestres et humaines ; elle fait œuvre démoniaque « car la jalousie et les rivalités mènent au désordre » moral. Celle que Jacques conseille se caractérise en ce qu'elle est pure (comme Jésus), pacifique, bienveillante (qualité de Dieu), pleine de miséricorde, sans parti pris, sans hypocrisie. Il poursuit en assurant que la paix est le terreau d'où naissent et mûrissent les fruits de la justice et non dans une terre de rivalités. Les communautés chrétiennes auxquelles Jacques écrit vivent des conflits entre **...**

19 - 25

... leurs membres. D'où cela vient-il ? « N'est-ce pas justement de tous ces plaisirs qui mènent leur combat en vous-mêmes ? » Il s'agit bien de la recherche du plaisir, ce qui n'est pas négatif dans la culture grecque, mais l'est devenu dans le Nouveau Testament. En effet, cette recherche se fait souvent au détriment des autres et engendre la violence pour s'octroyer l'objet de son plaisir. Même la prière de demande est inefficace, car « vos demandes sont mauvaises », écrit Jacques.

Partager

▶ Quelles sont les causes qui suscitent les inimitiés, les rivalités, les jalousies en moi et autour de moi ?

▶ De quelle manière parviens-je alors à semer la justice et la paix ?

▶ Dans mes difficultés relationnelles, l'Évangile m'aide-t-il à devenir meilleur ?

▶ Que devient ma prière dans les moments de conflit ?

Prier

Dans notre prière, nous pouvons nommer les personnes avec qui nous souhaitons rétablir la paix. La prière de saint François d'Assise, « Seigneur, fais de moi un instrument de ta paix », conclura ce temps. ■

Père Sylvain Gasser, assomptionniste

Saint André Kim et saint Paul Chong et leurs compagnons
XIᵉ siècle. Les 103 saints martyrs de Corée ont été canonisés en 1984.

Antienne d'ouverture

**Sur la terre de Corée, les martyrs ont versé leur sang pour le Christ ;
aussi ont-ils reçu leur récompense dans le ciel.**

Prière

Seigneur Dieu, tu as voulu que, par toute la terre, se multiplient tes enfants
d'adoption et tu as fait que le sang des bienheureux martyrs André et ses
compagnons devienne une magnifique semence de chrétiens ; accorde-nous
d'être fortifiés par leur secours et de progresser toujours à leur exemple. Par Jésus
Christ… — *Amen.*

Lecture
du livre d'Esdras (1, 1-6)

*« Quiconque fait partie du peuple du Seigneur,
qu'il monte à Jérusalem, et qu'il bâtisse la maison du Seigneur »*

La première année du règne de
Cyrus, roi de Perse, pour que soit
accomplie la parole du Seigneur pro-
clamée par Jérémie, le Seigneur ins-
pira Cyrus, roi de Perse. Et celui-ci fit
publier dans tout son royaume – et
même consigner par écrit – : « Ainsi
parle Cyrus, roi de Perse : Le Seigneur,
le Dieu du ciel, m'a donné tous les
royaumes de la terre ; et il m'a chargé

de lui bâtir une maison à Jérusalem, en Juda. Quiconque parmi vous fait partie de son peuple, que son Dieu soit avec lui, qu'il monte à Jérusalem, en Juda, et qu'il bâtisse la maison du Seigneur, le Dieu d'Israël, le Dieu qui est à Jérusalem. En tout lieu où résident ceux qui restent d'Israël, que la population leur vienne en aide : qu'on leur fournisse argent, or, dons en nature, bétail, qu'on y joigne des offrandes volontaires pour la maison de Dieu qui est à Jérusalem. » Alors les chefs de famille de Juda et de Benjamin, les prêtres et les lévites, bref, tous ceux à qui Dieu avait inspiré cette décision, se mirent en route et montèrent à Jérusalem pour bâtir la maison du Seigneur ; tous leurs voisins leur apportèrent de l'aide : argent, or, dons en nature, bétail, objets précieux en quantité, sans compter toutes sortes d'offrandes volontaires. – Parole du Seigneur.

Psaume 125 (126)

℟ *Quelles merveilles le Seigneur fit pour nous !*

Quand le Seigneur ramena les captifs à Sion,
nous étions comme en rêve !
Alors notre bouche était pleine de rires,
nous poussions des cris de joie. ℟

Alors on disait parmi les nations :
« Quelles merveilles fait pour eux
le Seigneur ! »
Quelles merveilles le Seigneur fit pour nous :
nous étions en grande fête ! ℟

Ramène, Seigneur, nos captifs,
comme les torrents au désert.
Qui sème dans les larmes
moissonne dans la joie. ℞

Il s'en va, il s'en va en pleurant,
il jette la semence ;
il s'en vient, il s'en vient dans la joie,
il rapporte les gerbes. ℞

Acclamation de l'Évangile

Alléluia. Alléluia. Que votre lumière brille devant les hommes : alors, voyant ce que vous faites de bien, ils rendront gloire à votre Père. ***Alléluia.***

Évangile de Jésus Christ

selon saint Luc (8, 16-18)

« On met la lampe sur le lampadaire pour que ceux qui entrent voient la lumière »

En ce temps-là, Jésus disait aux foules : « Personne, après avoir allumé une lampe, ne la couvre d'un vase ou ne la met sous le lit ; on la met sur le lampadaire pour que ceux qui entrent voient la lumière. Car rien n'est caché qui ne doive paraître au grand jour ; rien n'est secret qui ne doive être connu et venir au grand jour.

« Faites attention à la manière dont vous écoutez. Car à celui qui a, on donnera ; et à celui qui n'a pas, même ce qu'il croit avoir sera enlevé. »

Prière sur les offrandes

Regarde avec bonté, Dieu tout-puissant, les offrandes de ton peuple : à la prière de tes saints martyrs fais de nous-mêmes, pour le salut du monde entier, un sacrifice qui te plaise. Par Jésus… — ***Amen.***

19 - 25

LUNDI 20 SEPTEMBRE 2021

Antienne de la communion
« Celui qui se prononcera
pour moi devant les hommes,
dit le Seigneur, moi aussi,
je me prononcerai pour lui
devant mon Père qui est aux cieux. »
(Mt 10, 32)

Prière après la communion
Nourris du pain des forts en cette fête
de tes saints martyrs, nous te supplions
humblement, Seigneur : accorde-nous
de rester fidèlement unis au Christ
pour travailler dans l'Église au salut
de tous. Par Jésus… — *Amen.*

INVITATION

« Faites attention à la manière dont vous écoutez. »
Et si je prenais le temps d'écouter une belle pièce de musique ?

COMMENTAIRE

Rayons de lumière   Luc 8, 16-18
Jésus fait appel à la vue et à l'ouïe des foules qui se pressent autour de lui. N'est-il
pas la lampe allumée par Dieu en Israël pour qu'elle brille aux yeux de tous ? Ayant
non seulement entendu mais aussi rencontré la parole de Dieu faite chair, ces
hommes et ses femmes sont appelés à rayonner de son éclat. Laisser transparaître
dans notre regard l'étincelle de celui que nous avons longuement fréquenté. Une
belle façon de témoigner ! ■   *Sœur Bénédicte de la Croix, cistercienne*

Saint Matthieu
Ier siècle. L'un des douze Apôtres, auteur du premier évangile.
Avant de rencontrer Jésus, Matthieu (appelé Lévi) était collecteur d'impôts à Capharnaüm.

Antienne d'ouverture

« Allez, dit le Seigneur, de toutes les nations faites des disciples ; baptisez-les, et apprenez-leur à garder tous les commandements que je vous ai donnés. » (Mt 28, 19-20)

Gloire à Dieu *(p. 202)*

Prière

Dans ta miséricorde inépuisable, Seigneur, tu as choisi le publicain Matthieu pour en faire un Apôtre ; donne-nous, par sa prière et à son exemple, de suivre le Christ et de nous attacher à lui fermement. Lui qui… — *Amen.*

Lectures propres à la fête de saint Matthieu.

Lecture

de la lettre de saint Paul apôtre aux Éphésiens (4, 1-7. 11-13)

« Les dons qu'il a faits, ce sont les Apôtres et aussi les évangélisateurs »

Frères, moi qui suis en prison à cause du Seigneur, je vous exhorte à vous conduire d'une manière digne de votre vocation : ayez beaucoup d'humilité, de douceur et de patience, supportez-vous les uns les autres avec amour ; ayez soin de garder l'unité dans l'Esprit par le lien de la paix.

19 - 25

Comme votre vocation vous a tous appelés à une seule espérance, de même il y a un seul Corps et un seul Esprit. Il y a un seul Seigneur, une seule foi, un seul baptême, un seul Dieu et Père de tous, au-dessus de tous, par tous, et en tous. À chacun d'entre nous, la grâce a été donnée selon la mesure du don fait par le Christ. Et les dons qu'il a faits, ce sont les Apôtres, et aussi les prophètes, les évangélisateurs, les pasteurs et ceux qui enseignent. De cette manière, les fidèles sont organisés pour que les tâches du ministère soient accomplies et que se construise le corps du Christ, jusqu'à ce que nous parvenions tous ensemble à l'unité dans la foi et la pleine connaissance du Fils de Dieu, à l'état de l'Homme parfait, à la stature du Christ dans sa plénitude.

– Parole du Seigneur.

Psaume 18A (19)

℟ *Par toute la terre s'en va leur message.*

Les cieux proclament la gloire de Dieu,
le firmament raconte l'ouvrage de ses mains.
Le jour au jour en livre le récit
et la nuit à la nuit en donne connaissance. ℟

Pas de paroles dans ce récit,
pas de voix qui s'entende ;
mais sur toute la terre en paraît le message
et la nouvelle, aux limites du monde. ℟

Acclamation de l'Évangile

Alléluia. Alléluia. À toi, Dieu, notre louange ! Toi que les Apôtres glorifient, nous t'acclamons : tu es Seigneur ! *Alléluia.*

Évangile de Jésus Christ

selon saint Matthieu (9, 9-13)

En ce temps-là, Jésus sortit de Capharnaüm et vit, en passant, un homme, du nom de Matthieu, assis à son bureau de collecteur d'impôts. Il lui dit : « Suis-moi. » L'homme se leva et le suivit.

Comme Jésus était à table à la maison, voici que beaucoup de publicains (c'est-à-dire des collecteurs d'impôts) et beaucoup de pécheurs vinrent prendre place avec lui et ses disciples.

« Suis-moi. L'homme se leva et le suivit »
Voyant cela, les pharisiens disaient à ses disciples : « Pourquoi votre maître mange-t-il avec les publicains et les pécheurs ? » Jésus, qui avait entendu, déclara : « Ce ne sont pas les gens bien portants qui ont besoin du médecin, mais les malades. Allez apprendre ce que signifie : *Je veux la miséricorde, non le sacrifice.* En effet, je ne suis pas venu appeler des justes, mais des pécheurs. »

Prière sur les offrandes

En ce jour où nous honorons la mémoire de saint Matthieu, nous te présentons, Seigneur, nos offrandes, et nous te supplions humblement : regarde avec amour ton Église, elle qui puise sa foi dans la prédication des Apôtres. Par Jésus… —**Amen.**
2ᵉ préface des Apôtres, p. 208.

Antienne de la communion

Le Seigneur a dit : « Je ne suis pas venu appeler les justes, mais les pécheurs. » (Mt 9, 13)

MARDI 21 SEPTEMBRE 2021

Prière après la communion

Seigneur, nous éprouvons la même joie que saint Matthieu, tout heureux d'accueillir le Sauveur dans sa maison ; donne-nous de pouvoir toujours refaire nos forces à la table de celui qui est venu appeler au salut non pas les justes, mais les pécheurs. Lui qui…
— *Amen.*

INVITATION

Matthieu, que nous fêtons aujourd'hui, était collecteur d'impôts avant de devenir disciple. Comment l'appel de Jésus retentit-il dans ma vie actuelle ?

COMMENTAIRE

Tendre l'oreille   Matthieu 9, 9-13

Écoutons Jésus inviter Matthieu le collecteur d'impôts : « Suis-moi. » Rien d'impérieux dans sa voix mais une infinie douceur, un frémissement de respect en présence de cette liberté qu'il interpelle. Le Créateur prie sa créature de lui faire la grâce de marcher à sa suite, non pas à cause de ses mérites mais simplement par amour. Tendons l'oreille de notre cœur vers celui qui ne cesse d'appeler malades et pécheurs. ■   *Sœur Bénédicte de la Croix, cistercienne*

Antienne d'ouverture

Donne la paix, Seigneur, à ceux qui t'espèrent : ne fais pas mentir les paroles de tes prophètes ; exauce la prière de ton peuple. (cf. Si 36, 18)

Prière

Dieu créateur et maître de toutes choses, regarde-nous, et pour que nous ressentions l'effet de ton amour, accorde-nous de te servir avec un cœur sans partage. Par Jésus Christ… — **Amen.**

Lecture

du livre d'Esdras (9, 5-9)

« Dans la servitude, notre Dieu ne nous a pas abandonnés »

Moi, Esdras, à l'heure de l'offrande du soir, je me relevai de ma prostration ; le vêtement et le manteau déchirés, je tombai à genoux ; les mains tendues vers le Seigneur mon Dieu, je dis : « Mon Dieu, j'ai trop de honte et de confusion pour lever mon visage vers toi, mon Dieu. Nos fautes sans nombre nous submergent, nos offenses se sont amoncelées jusqu'au ciel. Depuis les jours de nos pères et aujourd'hui encore, grande est notre offense : c'est à cause de nos fautes que nous avons été livrés, nous, nos rois et nos prêtres, aux mains des rois étrangers, à l'épée, à la captivité,

19 - 25

au pillage et à la honte, qui nous accablent encore aujourd'hui. Or, voici que depuis peu de temps la pitié du Seigneur notre Dieu a laissé subsister pour nous des rescapés* et nous a permis de nous fixer en son lieu saint ; ainsi, notre Dieu a fait briller nos yeux, il nous a rendu un peu de vie dans notre servitude. Car nous sommes asservis ; mais, dans cette servitude, notre Dieu ne nous a pas abandonnés : il nous a concilié la faveur des rois de Perse, il nous a rendu la vie, pour que nous puissions restaurer la maison de notre Dieu et relever ses ruines, afin d'avoir un abri solide en Juda et à Jérusalem. »
– Parole du Seigneur.

Cantique Tobie 13, 2, 3-4ab, 4cde, 7, 8ab, 8cde

℟ **Béni soit Dieu, le Vivant, à jamais !**

C'est lui qui châtie et prend pitié,
qui fait descendre
   aux profondeurs des enfers
et retire de la grande perdition :
nul n'échappe à sa main. ℟

Rendez-lui grâce, fils d'Israël,
   à la face des nations
où lui-même vous a dispersés ;
là, il vous a montré sa grandeur :
exaltez-le à la face des vivants. ℟

Car il est notre Seigneur,
lui, notre Dieu, notre Père,
il est Dieu,
   pour les siècles des siècles ! ℟

Regardez ce qu'il a fait pour vous,
rendez-lui grâce à pleine voix !
Bénissez le Seigneur de justice,
exaltez le Roi des siècles ! ℟

Et moi, en terre d'exil, je lui rends grâce ;
je montre sa grandeur et sa force
au peuple des pécheurs. ℟

« Revenez, pécheurs,
et vivez devant lui dans la justice.
Qui sait s'il ne vous rendra pas
son amour et sa grâce ! » ℟

Acclamation de l'Évangile

Alléluia. Alléluia. Le règne de Dieu est tout proche. Convertissez-vous et croyez à l'Évangile. **Alléluia.**

Évangile de Jésus Christ ————————————
selon saint Luc (9, 1-6)

« Il les envoya proclamer le règne de Dieu et guérir les malades »

En ce temps-là, Jésus rassembla les Douze ; il leur donna pouvoir et autorité sur tous les démons, et de même pour faire des guérisons ; il les envoya proclamer le règne de Dieu et guérir les malades. Il leur dit : « Ne prenez rien pour la route, ni bâton, ni sac, ni pain, ni argent ; n'ayez pas chacun une tunique de rechange. Quand vous serez reçus dans une maison, restez-y ; c'est de là que vous repartirez. Et si les gens ne vous accueillent pas, sortez de la ville et secouez la poussière de vos pieds : ce sera un témoignage contre eux. »

Ils partirent et ils allaient de village en village, annonçant la Bonne Nouvelle et faisant partout des guérisons.

19 - 25

MERCREDI 22 SEPTEMBRE 2021

Prière sur les offrandes
Sois favorable à nos prières, Seigneur, et reçois avec bonté nos offrandes : que les dons apportés par chacun à la gloire de ton nom servent au salut de tous. Par Jésus… — *Amen.*

Antienne de la communion
Qu'il est précieux, ton amour, ô mon Dieu ! En lui s'abritent les hommes. (Ps 35, 8)
OU
La coupe de bénédiction pour laquelle nous rendons grâce nous fait communier au sang du Christ ; et le pain que nous rompons nous fait communier au corps du Christ. (cf. 1 Co 10, 16)

Prière après la communion
Que la grâce de cette communion, Seigneur, saisisse nos esprits et nos corps, afin que son influence, et non pas notre sentiment, domine toujours en nous. Par Jésus… — *Amen.*

INVITATION
De quoi puis-je m'alléger aujourd'hui pour suivre Jésus ?

COMMENTAIRE

Revenir à Dieu   Esdras 9, 5-9

De retour à Jérusalem après l'Exil à Babylone, le scribe Esdras découvre que les habitants de la Ville sainte ont épousé des femmes qui adorent d'autres dieux que le Dieu d'Israël. Son désarroi est profond. Adoptant une posture d'humilité, il s'adresse au Seigneur qui a permis aux exilés de revenir sur la Terre promise. Notre monde pactise avec les idoles et nous en souffrons. N'hésitons pas à le présenter dans la prière au Maître de l'impossible. ■ *Sœur Bénédicte de la Croix, cistercienne*

✴ CLÉ DE LECTURE

«Rescapés»   Esdras 9, 8 (p. 148)

L'idée d'un «reste» court tout au long de l'histoire tragique d'Israël. Au moment où l'Assyrie avait déporté la population du royaume du Nord et menaçait le Sud, Dieu avait demandé à Isaïe d'appeler son fils «Un-reste-reviendra», Shear-Yashoub (Is 7, 3). Deux cents ans plus tard, alors que Cyrus le Perse a autorisé les exilés de Juda à rentrer chez eux, Esdras fonde une espérance nouvelle : le petit groupe des rescapés qui est rentré à Jérusalem va reconstruire le Temple et relever les murailles de la ville. La conviction est que, quoi qu'il arrive, la miséricorde de Dieu relève son peuple et que rien ne peut entraver son amour créateur qui renouvelle la vie et assure un avenir. Quelques rescapés suffisent, un seul juste suffira, pour que Dieu pardonne à tous. ■ *Roselyne Dupont-Roc, bibliste*

19 - 25

Saint Pio de Pietrelcina

1887-1968. Ce capucin italien plaça l'eucharistie et la confession au cœur de son ministère de prêtre. Son couvent de San Giovanni Rotondo est devenu un lieu de pèlerinage.

Antienne d'ouverture

« L'Esprit du Seigneur est sur moi, dit Jésus, parce que le Seigneur m'a consacré par l'onction. Il m'a envoyé porter la Bonne Nouvelle aux pauvres, apporter aux opprimés la libération. » (Lc 4, 18)

Prière

Dieu éternel et tout-puissant, par une grâce particulière tu as donné à saint Pio de participer à la croix de ton Fils, et, dans son ministère de prêtre, tu as renouvelé les merveilles de ta miséricorde ; par son intercession, nous te prions : à nous qui sommes associés aux souffrances du Christ, accorde la joie de parvenir à la gloire de la résurrection. Lui qui règne… — *Amen.*

Lecture

du livre du prophète Aggée (1, 1-8)

> *« Rapportez du bois pour rebâtir la maison de Dieu.*
> *Je prendrai plaisir à y demeurer »*

La deuxième année du règne de Darius, le premier jour du sixième mois, la parole du Seigneur fut adressée, par l'intermédiaire d'Aggée, le prophète, à Zorobabel fils de Salathiel, gouverneur de Juda, et à Josué fils de Josédeq, le grand prêtre : Ainsi parle le Seigneur de l'univers.

Ces gens-là disent : « Le temps n'est pas encore venu de rebâtir la maison du Seigneur ! » Or, voilà ce que dit le Seigneur par l'intermédiaire d'Aggée, le prophète : Et pour vous, est-ce bien le temps d'être installés dans vos maisons luxueuses, alors que ma Maison est en ruine ? Et maintenant, ainsi parle le Seigneur de l'univers : Rendez votre cœur attentif à vos chemins : Vous avez semé beaucoup, mais récolté peu ; vous mangez, mais sans être rassasiés ; vous buvez, mais sans être désaltérés ; vous vous habillez, mais sans vous réchauffer ; et le salarié met son salaire dans une bourse trouée. Ainsi parle le Seigneur de l'univers : Rendez votre cœur attentif à vos chemins : Allez dans la montagne, rapportez du bois pour rebâtir la maison de Dieu. Je prendrai plaisir à y demeurer, et j'y serai glorifié – déclare le Seigneur.

– Parole du Seigneur.

Psaume 149

℟ **Le Seigneur aime son peuple !**
OU **Alléluia !**

Chantez au Seigneur un chant nouveau,
louez-le dans l'assemblée de ses fidèles !
En Israël, joie pour son créateur ;
dans Sion, allégresse pour son Roi ! ℟

Dansez à la louange de son nom,
jouez pour lui, tambourins et cithares !

Car le Seigneur aime son peuple,
il donne aux humbles l'éclat de la victoire. ℟

Que les fidèles exultent, glorieux,
criant leur joie à l'heure du triomphe.
Qu'ils proclament les éloges de Dieu :
c'est la fierté de ses fidèles. ℟

19 - 25

Acclamation de l'Évangile

Alléluia. Alléluia. Moi, je suis le Chemin, la Vérité et la Vie, dit le Seigneur. Personne ne va vers le Père sans passer par moi. ***Alléluia.***

Évangile de Jésus Christ

selon saint Luc (9, 7-9)

« Jean, je l'ai fait décapiter. Mais qui est cet homme dont j'entends dire de telles choses ? »

En ce temps-là, Hérode, qui était au pouvoir en Galilée, entendit parler de tout ce qui se passait et il ne savait que penser. En effet, certains disaient que Jean le Baptiste était ressuscité d'entre les morts. D'autres disaient : « C'est le prophète Élie qui est apparu. » D'autres encore : « C'est un prophète d'autrefois qui est ressuscité. » Quant à Hérode, il disait : « Jean, je l'ai fait décapiter. Mais qui est cet homme dont j'entends dire de telles choses ? » Et il cherchait à le voir.

Prière sur les offrandes

Regarde, Seigneur, les offrandes déposées sur ton autel en l'honneur de saint Pio ; et comme par ces mystères bienheureux tu lui as donné la gloire du ciel, accorde-nous l'abondance de ton pardon. Par Jésus… — *Amen.*

Antienne de la communion

« Je suis avec vous tous les jours,
dit le Seigneur Jésus,
jusqu'à la fin des temps. »
(Mt 28, 20)

Prière après la communion

Que cette communion à tes mystères,
Seigneur, nous achemine vers les joies
éternelles que saint Pio put obtenir en
te servant fidèlement. Par Jésus…
— **Amen.**

INVITATION

On fête aujourd'hui Padre Pio. Je prie pour tous les religieux,
et particulièrement pour les Capucins.

COMMENTAIRE

En sa demeure   Aggée 1, 1-8

Nous faisons l'expérience de manger sans être rassasiés, de boire sans être désaltérés. Si nous rendons nos cœurs « attentifs à nos chemins », comme nous y invite
le prophète Aggée, nous constatons une insatisfaction permanente. L'inquiétude
nous taraude. N'est-il pas temps « de rebâtir la maison de Dieu » à l'intime de notre
être pour que le Seigneur ait plaisir à y demeurer ? Jésus Christ en est la pierre de
fondation. ■   *Sœur Bénédicte de la Croix*, cistercienne

19 - 25

Antienne d'ouverture

« Je suis le sauveur de mon peuple, dit le Seigneur, s'il crie vers moi dans les épreuves, je l'exauce ; je suis son Dieu pour toujours. »

Prière

Seigneur, tu as voulu que toute la loi consiste à t'aimer et à aimer son prochain : donne-nous de garder tes commandements, et de parvenir ainsi à la vie éternelle. Par Jésus Christ… — **Amen.**

Lecture

du livre du prophète Aggée (1, 15b – 2, 9)

« Encore un peu de temps, et j'emplirai de gloire cette Maison »

La deuxième année du règne de Darius, le vingt et unième jour du septième mois, la parole du Seigneur se fit entendre par l'intermédiaire du prophète Aggée : « Va parler à Zorobabel*, fils de Salathiel, gouverneur de Juda, à Josué, fils de Josédeq, le grand prêtre, et au reste du peuple. Tu leur diras : Reste-t-il encore parmi vous quelqu'un qui ait vu cette Maison dans sa gloire première ? Eh bien ! Qu'est-ce que vous voyez maintenant ? N'est-elle pas devant vous réduite à rien ? Mais à présent, courage, Zorobabel ! – oracle du Seigneur. Courage, Josué fils de

Josédeq, grand prêtre ! Courage, tout le peuple du pays ! – oracle du Seigneur. Au travail ! Je suis avec vous – oracle du Seigneur de l'univers –, selon l'engagement que j'ai pris envers vous à votre sortie d'Égypte. Mon esprit se tient au milieu de vous : Ne craignez pas ! Encore un peu de temps – déclare le Seigneur de l'univers –, et je vais ébranler le ciel et la terre, la mer et la terre ferme. Je vais mettre en branle toutes les nations, leurs trésors afflueront ici, et j'emplirai de gloire cette Maison – déclare le Seigneur de l'univers. L'argent est à moi, l'or est à moi – oracle du Seigneur de l'univers. La gloire future de cette Maison surpassera la première et dans ce lieu, je vous ferai don de la paix, – oracle du Seigneur de l'univers. »

– Parole du Seigneur.

Psaume 42 (43)

℟ Espère en Dieu ! De nouveau je rendrai grâce : il est mon sauveur et mon Dieu !

Rends-moi justice, ô mon Dieu, défends ma cause
contre un peuple sans foi ;
de l'homme qui ruse et trahit,
libère-moi. ℟

C'est toi, Dieu, ma forteresse :
pourquoi me rejeter ?
Pourquoi vais-je assombri,
pressé par l'ennemi ? ℟

Envoie ta lumière et ta vérité :
qu'elles guident mes pas
et me conduisent à ta montagne sainte,
jusqu'en ta demeure. ℟

J'avancerai jusqu'à l'autel de Dieu,
vers Dieu qui est toute ma joie ;
je te rendrai grâce avec ma harpe,
Dieu, mon Dieu ! ℟

19 - 25

Acclamation de l'Évangile

Alléluia. Alléluia. Le Fils de l'homme est venu pour servir, et donner sa vie en rançon pour la multitude. ***Alléluia.***

Évangile de Jésus Christ ————————

selon saint Luc (9, 18-22)

> *« Tu es le Christ, le Messie de Dieu.*
> *– Il faut que le Fils de l'homme souffre beaucoup »*

En ce jour-là, Jésus était en prière à l'écart. Comme ses disciples étaient là, il les interrogea : « Au dire des foules, qui suis-je ? » Ils répondirent : « Jean le Baptiste ; mais pour d'autres, Élie ; et pour d'autres, un prophète d'autrefois qui serait ressuscité. » Jésus leur demanda : « Et vous, que dites-vous ? Pour vous, qui suis-je ? » Alors Pierre prit la parole et dit : « Le Christ, le Messie de Dieu. » Mais Jésus, avec autorité, leur défendit vivement de le dire à personne, et déclara : « Il faut que le Fils de l'homme souffre beaucoup, qu'il soit rejeté par les anciens, les grands prêtres et les scribes, qu'il soit tué, et que, le troisième jour, il ressuscite. »

Prière sur les offrandes

Reçois favorablement, Seigneur, les offrandes de ton peuple, pour qu'il obtienne dans le mystère eucharistique les biens auxquels il croit de tout son cœur. Par Jésus… — ***Amen.***

Antienne de la communion

Tu nous as ordonné, Seigneur,
de garder fidèlement tes préceptes ;
puissions-nous avancer au droit
chemin selon tes commandements.
(Ps 118, 4-5)

OU

Le Seigneur nous dit : « Je suis
le Bon Pasteur ; je connais mes brebis
et mes brebis me connaissent. »
(Jn 10, 14)

Prière après la communion

Seigneur, que ton aide accompagne
toujours ceux que tu as nourris de tes
sacrements, afin qu'ils puissent, dans
ces mystères et par toute leur vie,
recueillir les fruits de la rédemption.
Par Jésus… — *Amen.*

INVITATION

Comme Pierre, je dis à Jésus ce qu'il représente pour moi.

19 - 25

COMMENTAIRE

Rien que l'amour

Luc 9, 18-22

« Pour vous, qui suis-je ? » Derrière la profession de foi de Pierre en la seigneurie du Maître, Jésus laisse transparaître le visage du serviteur souffrant. Beaucoup ont tenté d'effacer l'une des dimensions de sa personnalité, comme en témoigne la variété des réponses apportées à cette question au cours des siècles. Un Dieu faible et vulnérable, n'ayant d'autre puissance que celle de l'amour : ce mystère ne peut pas nous laisser tranquilles. ■

Sœur Bénédicte de la Croix, cistercienne

❊ CLÉ DE LECTURE

« Zorobabel »

Aggée 2, 2 *(p. 156)*

Le petit livre du prophète Aggée se situe à un moment crucial dans l'histoire du peuple juif. En 520 av. J. C., les exilés revenus à Jérusalem se trouvaient en grande difficulté, appauvris et sans espoir d'un avenir meilleur. Le prophète Aggée réagit avec force : ils ont parmi eux le petit-fils du dernier roi de Juda, Zorobabel, de la lignée de David, et le grand prêtre Josué. Signe que Dieu veut que le peuple retrouve une vie digne et heureuse en sa présence. La manifestation en sera la reconstruction d'un Temple encouragée par le pouvoir perse. Ainsi un avenir nouveau s'annonce. Et même si Zorobabel va disparaître rapidement, le judaïsme reprendra force autour du Temple et de la Loi. La voie s'ouvre pour qu'un jour naisse un autre fils de David ! ■

Roselyne Dupont-Roc, bibliste

Temps ordinaire, *suggestion d'oraisons et d'antiennes n° 26*
ou **bienheureuse Vierge Marie,** *voir p. 30*

Antienne d'ouverture

Tu nous as traités, Seigneur, en toute justice, car nous avons péché, nous n'avons pas écouté tes commandements. Mais, pour l'honneur de ton nom, traite-nous selon la richesse de ta miséricorde. (Dn 3, 31. 29. 30. 43. 42)

Prière

Dieu qui donnes la preuve suprême de ta puissance lorsque tu patientes et prends pitié, sans te lasser, accorde-nous ta grâce : en nous hâtant vers les biens que tu promets, nous parviendrons au bonheur du ciel. Par Jésus Christ… **— Amen.**

Lecture

du livre du prophète Zacharie (2, 5-9. 14-15a)

« Voici que je viens, j'habiterai au milieu de toi »

Moi, Zacharie, je levai les yeux et voici ce que j'ai vu : un homme qui tenait à la main une chaîne d'arpenteur. Je lui demandai : « Où vas-tu ? » Il me répondit : « Je vais mesurer Jérusalem, pour voir quelle est sa largeur et quelle est sa longueur. » L'ange qui me parlait était en train de sortir, lorsqu'un autre ange sortit le rejoindre et lui dit : « Cours, et dis à ce jeune homme : Jérusalem doit rester une ville ouverte, à cause de la quantité d'hommes et de bétail qui la peupleront. Quant à moi, je serai pour elle – oracle du Seigneur – une muraille de feu qui l'entoure, et je serai sa gloire au milieu d'elle. Chante et réjouis-toi, fille de Sion ; voici que je viens, j'habiterai au milieu de toi – oracle du Seigneur. Ce jour-là, des nations nombreuses s'attacheront au Seigneur ; elles seront pour moi un peuple, et j'habiterai au milieu de toi. Alors tu sauras que le Seigneur de l'univers m'a envoyé vers toi. » – Parole du Seigneur.

Cantique Jérémie 31, 10, 11-12ab, 13

℟ *Le Seigneur nous garde, comme un berger son troupeau.*

Écoutez, nations, la parole du Seigneur !
Annoncez dans les îles lointaines :
« Celui qui dispersa Israël le rassemble,
il le garde, comme un berger son troupeau. ℟

« Le Seigneur a libéré Jacob,
l'a racheté des mains d'un plus fort.
Ils viennent, criant de joie,
sur les hauteurs de Sion :
ils affluent vers les biens du Seigneur. ℟

« La jeune fille se réjouit, elle danse ;
jeunes gens, vieilles gens, tous ensemble !
Je change leur deuil en joie,
les réjouis, les console après la peine. » ℟

Acclamation de l'Évangile

Alléluia. Alléluia. Notre Sauveur, le Christ Jésus, a détruit la mort ; il a fait resplendir la vie par l'Évangile. **Alléluia.**

Évangile de Jésus Christ

selon saint Luc (9, 43b-45)

« Le Fils de l'homme va être livré aux mains des hommes.
Les disciples avaient peur de l'interroger sur cette parole »

En ce temps-là, comme tout le monde était dans l'admiration devant tout ce qu'il faisait, Jésus dit à ses disciples : « Ouvrez bien vos oreilles à ce que je vous dis maintenant : le Fils de l'homme va être livré aux mains des hommes. » Mais les disciples ne comprenaient pas cette parole, elle leur était voilée, si bien qu'ils n'en percevaient pas le sens, et ils avaient peur de l'interroger sur cette parole.

Prière sur les offrandes

Dieu de miséricorde, accepte notre offrande : qu'elle ouvre largement pour nous la source de toute bénédiction. Par Jésus… — **Amen.**

Antienne de la communion

Souviens-toi, Seigneur,
de la parole que tu m'as donnée ;
en elle j'ai mis mon espoir,
et, dans ma misère,
elle est pour moi
un réconfort.
(Ps 118, 49-50)

OU

À ceci nous avons reconnu l'amour :
Jésus a donné sa vie pour nous ;
nous devons donc,
à notre tour, donner notre vie
pour nos frères.
(1 Jn 3, 16)

19 - 25

SAMEDI 25 SEPTEMBRE 2021

Prière après la communion
Que cette eucharistie, Seigneur,
renouvelle nos esprits et nos corps, et
nous donne part à l'héritage glorieux
de celui qui nous unit à son sacrifice
lorsque nous proclamons sa mort. Lui
qui… — *Amen.*

INVITATION

En ce dernier samedi du mois, je me confie à Marie,
ainsi que ceux qui m'entourent.

COMMENTAIRE

Vérité, liberté   Luc 9, 43b-45
Lorsque Jésus annonce à ses disciples sa Passion, ceux-ci ont « peur de l'interroger
sur cette parole ». Combien de fois préférons-nous, comme eux, ne pas savoir ? Pour
éviter de faire face à la vérité, nous choisissons le confort artificiel et combien éphé-
mère de l'incertitude. Fréquenter la parole de Dieu nous conduit immanquablement
à nous confronter à la vérité. N'oublions pas que seule cette dernière nous rend
libres ! ■ ·
                                          Sœur Bénédicte de la Croix, cistercienne

DIMANCHE 26 SEPTEMBRE 2021

26E DIMANCHE DU TEMPS ORDINAIRE

ANNÉE B COULEUR LITURGIQUE : VERT

*« Si ta main est pour toi
une occasion de chute, coupe-la. »*
Marc 9, 30

© Marion Duval

« Préserve ton serviteur de l'orgueil, qu'il n'ait sur moi aucune emprise » (Ps 18B [19], 14). Le Dieu de l'Alliance n'est pas un Dieu d'exclusion ou de sectarisme. Il nous invite, chacun pour notre compte et en Église, à nous émerveiller de la capacité de nos contemporains à se laisser travailler par l'Esprit. Celui-ci souffle où il veut, même hors des limites visibles de la communauté ecclésiale.

OUVERTURE DE LA CÉLÉBRATION

Chant d'entrée (Suggestions p. 228)
OU
Antienne d'ouverture
Tu nous as traités, Seigneur, en toute justice, car nous avons péché, nous n'avons pas écouté tes commandements. Mais, pour l'honneur de ton nom, traite-nous selon la richesse de ta miséricorde.
(Dn 3, 31. 29. 30. 43. 42)

Suggestion de préparation pénitentielle (ou p. 201)
Notre Dieu est patient. Reconnaissons notre péché et implorons sa miséricorde.

Seigneur Jésus, ta loi est parfaite, elle redonne vie. Prends pitié de nous.
— *Prends pitié de nous.*
Ô Christ, ton Esprit fait de nous un peuple de prophètes. Prends pitié de nous.
— *Prends pitié de nous.*
Seigneur, tu es la lumière qui éclaire nos étroitesses. Prends pitié de nous.
— *Prends pitié de nous.*
Que Dieu tout-puissant nous fasse miséricorde ; qu'il nous pardonne nos péchés et nous conduise à la vie éternelle. — *Amen.*

Gloire à Dieu (p. 202)

Prière

Dieu qui donnes la preuve suprême de ta puissance lorsque tu patientes et prends pitié, sans te lasser, accorde-nous ta grâce : en nous hâtant vers les biens que tu promets, nous parviendrons au bonheur du ciel. Par Jésus Christ… — *Amen.*

LITURGIE DE LA PAROLE

Lecture du livre des Nombres (11, 25-29)

« Serais-tu jaloux pour moi ? Ah ! Si le Seigneur pouvait faire de tout son peuple un peuple de prophètes ! »

En ces jours-là, le Seigneur descendit dans la nuée pour parler avec Moïse. Il prit une part de l'esprit qui reposait sur celui-ci, et le mit sur les 70 anciens. Dès que l'esprit reposa sur eux, ils se mirent à prophétiser, mais cela ne dura pas.

Or, deux hommes étaient restés dans le camp ; l'un s'appelait Eldad, et l'autre Médad. L'esprit reposa sur eux ; eux aussi avaient été choisis, mais ils ne s'étaient pas rendus à la Tente, et c'est dans le camp qu'ils se mirent à prophétiser. Un jeune homme courut annoncer à Moïse : « Eldad et Médad prophétisent dans le camp ! » Josué, fils de Noun, auxiliaire de Moïse depuis sa jeunesse, prit la parole : « Moïse, mon maître, arrête-les ! » Mais Moïse lui dit :

26 - 30

« Serais-tu jaloux pour moi ? Ah ! Si le Seigneur pouvait faire de tout son peuple un peuple de prophètes ! Si le Seigneur pouvait mettre son esprit sur eux ! » – Parole du Seigneur.

Psaume 18ʙ (19)

℟ **Les préceptes du Seigneur sont droits, ils réjouissent le cœur.**

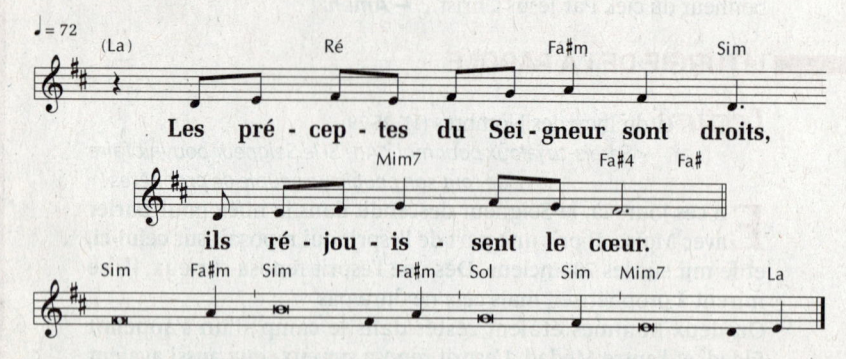

T. : AELF ; M. : G. Previdi ; Éd. : ADF.

La loi du Seigneur est parfaite,
qui redonne vie ;
la charte du Seigneur est sûre,
qui rend sages les simples. ℟

La crainte qu'il inspire est pure,
elle est là pour toujours ;
les décisions du Seigneur sont justes
et vraiment équitables. ℟

Retrouvez
ce psaume sur le CD
"Les psaumes
de l'année B"

Aussi ton serviteur en est illuminé ;
à les garder, il trouve son profit.
Qui peut discerner ses erreurs ?
Purifie-moi de celles qui m'échappent. ℟

Préserve aussi ton serviteur de l'orgueil :
qu'il n'ait sur moi aucune emprise.
Alors je serai sans reproche,
pur d'un grand péché. ℟

Lecture de la lettre de saint Jacques (5, 1-6)

« Vos richesses sont pourries »

Vous autres, maintenant, les riches ! Pleurez, lamentez-vous sur les malheurs qui vous attendent. Vos richesses sont pourries, vos vêtements sont mangés des mites, votre or et votre argent sont rouillés. Cette rouille sera un témoignage contre vous, elle dévorera votre chair comme un feu. Vous avez amassé des richesses, alors que nous sommes dans les derniers jours ! Le salaire dont vous avez frustré les ouvriers qui ont moissonné vos champs, le voici qui crie, et les clameurs des moissonneurs sont parvenues aux oreilles du Seigneur de l'univers. Vous avez mené sur terre une vie de luxe et de délices, et vous vous êtes rassasiés au jour du massacre. Vous avez condamné le juste et vous l'avez tué, sans qu'il vous oppose de résistance. – Parole du Seigneur.

Acclamation de l'Évangile

Alléluia. Alléluia. Ta parole, Seigneur, est vérité ; dans cette vérité, sanctifie-nous. **Alléluia.**

Al - lé - lu - ia, al - lé - lu - ia, al - lé - lu - ia!

T. : AELF ; M. : P. Robert.

Évangile de Jésus Christ selon saint Marc (9, 38-43. 45. 47-48)

« Celui qui n'est pas contre nous est pour nous. Si ta main est pour toi une occasion de chute, coupe-la »

En ce temps-là, Jean, l'un des Douze, disait à Jésus : « Maître, nous avons vu quelqu'un expulser les démons en ton nom ; nous l'en avons empêché, car il n'est pas de ceux qui nous suivent. »

Jésus répondit : « Ne l'en empêchez pas, car celui qui fait un miracle en mon nom ne peut pas, aussitôt après, mal parler de moi ; celui qui n'est pas contre nous est pour nous. Et celui qui vous donnera un verre d'eau au nom de votre appartenance au Christ, amen, je vous le dis, il ne restera pas sans récompense.

« Celui qui est un scandale, une occasion de chute, pour un seul de ces petits qui croient en moi, mieux vaudrait pour lui qu'on lui attache au cou une de ces meules que tournent les ânes, et qu'on le jette à la mer. Et si ta main est pour toi une occasion de chute, coupe-la. Mieux vaut pour toi entrer manchot dans la vie éternelle que de t'en aller dans la géhenne avec tes deux mains, là où le feu ne s'éteint pas. Si ton pied est pour toi une occasion de chute, coupe-le. Mieux vaut pour toi entrer estropié dans la vie éternelle que de t'en aller dans la géhenne avec tes deux pieds. Si ton œil est pour toi une occasion de chute, arrache-le. Mieux vaut pour toi entrer borgne dans le royaume de Dieu que de t'en aller dans la géhenne avec tes deux yeux, là où le ver ne meurt pas et où le feu ne s'éteint pas. »

Homélie

Profession de foi (p. 203)

26 - 30

Suggestion de prière universelle

Le prêtre :

Frères et sœurs, avec confiance, prions le Père qui écoute toutes nos prières

℟ *Écoute nos prières, Seigneur, exauce-nous !*

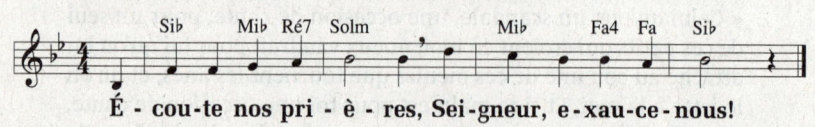

É - cou-te nos pri - è - res, Sei-gneur, e-xau-ce-nous !

A 180 Éd. Pierre Zech ; T. : J.-P. Lécot ; M. : J.-S. Bach (Chants notés, t. 6, p. 36).

Le diacre ou un lecteur :

« Celui qui n'est pas contre nous est pour nous. » Pour l'Église, répandue à travers le monde, qu'elle annonce l'Évangile à tous, prions le Seigneur. ℟

Le pape François nous invite à prier avec lui. Pour tous les hommes de bonne volonté, qu'ils fassent des choix courageux en faveur d'un mode de vie simple, prions le Seigneur. ℟

« Votre or et votre argent sont rouillés. » Pour les personnes corrompues par la richesse, qu'elles soient délivrées de la soif de posséder toujours plus, prions le Seigneur. ℟

Le Seigneur bénit notre assemblée réunie. Pour que tous, les clercs et les laïcs, les enfants, les jeunes et les moins jeunes, soient unis pour servir ceux qui en ont besoin, prions le Seigneur. ℟

Prions en Église

Prions en Église

GRELH50088

⬛ OUI, je m'abonne à *Prions en Église*.
Je recevrai le hors-série *Noël 2021* en octobre.

ÉDITION POCHE (13 x 11,9 cm) - PRI
PRÉLÈVEMENT MENSUEL: ☐ **3,75 €/mois**
Uniquement par téléphone ou par internet

PAIEMENT COMPTANT :
1 an (12 numéros) ☐ **45 €**
2 ans (24 numéros) ☐ **80 €**

ÉDITION GRAND FORMAT (16 x 14,6 cm) - PRI
PRÉLÈVEMENT MENSUEL: ☐ **4,30 €/mois**
Uniquement par téléphone ou par internet

PAIEMENT COMPTANT :
1 an (12 numéros) ☐ **52 €**
2 ans (24 numéros) ☐ **90 €**

✉️ **PAR COURRIER** Renvoyez ce bulletin accompagné de votre chèque libellé à l'ordre de « Bayard »
à l'adresse suivante : **Bayard - TSA 60007 - 59714 Lille CEDEX 9**

📶 **PAR INTERNET**
librairie-bayard.com/abopri

📞 **PAR TÉLÉPHONE** Précisez votre code offre : A176690
01 74 31 15 01 (numéro non surtaxé)

COORDONNÉES ☐ Mme ☐ M. Prénom

Nom — A176690

Complément d'adresse (résid./Esc./Bât.)

N° et voie (rue/Av./Bd...)

Code postal — Ville

Pays — Date de naissance

Tél. — E-mail

Pour recevoir, conformément à la loi, la confirmation de votre abonnement

EN VENTE ÉGALEMENT EN LIBRAIRIE RELIGIEUSE. Abonnements à l'international : UE DOM TOM et autres pays: (+33) 1 74 31 15 01
🇨🇭 SUISSE : (022) 860 84 02 ▪ 🇧🇪 BELGIQUE : Tél.: 0800/900.28 (appel gratuit). www.bayardchretien.be ▪ 🇱🇺 LUXEMBOURG : 800/29.195

(Ces intentions seront adaptées ou modifiées selon les circonstances.)

Le prêtre :

Dieu, Père de tous, plein d'espérance nous nous tournons vers toi. Accueille notre prière, nous te le demandons par Jésus le Christ notre Seigneur. — ***Amen.***

LITURGIE EUCHARISTIQUE

Prière sur les offrandes

Dieu de miséricorde, accepte notre offrande : qu'elle ouvre largement pour nous la source de toute bénédiction. Par Jésus… — ***Amen.***

Prière eucharistique *(Préface des dimanches, p. 207)*

Chant de communion *(Suggestions p. 228)*

OU

Antienne de la communion

Souviens-toi, Seigneur, de la parole que tu m'as donnée ;
en elle j'ai mis mon espoir, et, dans ma misère, elle est pour moi
un réconfort. (Ps 118, 49-50)

OU

À ceci nous avons reconnu l'amour :
Jésus a donné sa vie pour nous ; nous devons donc, à notre tour,
donner notre vie pour nos frères. (1 Jn 3, 16)

Prière après la communion

Que cette eucharistie, Seigneur, renouvelle nos esprits et nos corps, et nous donne part à l'héritage glorieux de celui qui nous unit à son sacrifice lorsque nous proclamons sa mort. Lui qui… — *Amen.*

CONCLUSION DE LA CÉLÉBRATION

Bénédiction

Envoi

COMMENTAIRE DU DIMANCHE

Père Benoît Gschwind, assomptionniste

Appelés
à faire Église

Les textes de ce dimanche sont de nature à nous secouer et à orienter notre vie de chrétien. Jacques, dans son épître, n'y va pas de main morte. Mais il nous faut garder les pieds sur terre quand nous lisons cette lettre. L'argent, les richesses ne sont ni bons ni mauvais. Ce qu'il convient de regarder de plus près, c'est non seulement l'usage que nous pouvons en faire, mais aussi ce que nous n'en faisons pas. C'est la question de la justice et le sens du partage qui méritent d'être soulevés devant ces versets de Jacques, qui ne se prive pas non plus, dans d'autres versets, de rappeler que « la foi sans les œuvres est une foi morte » (Jc 2, 14-18).

L'évangile de ce jour nous bouscule aussi. Au temps de Marc, l'Église était persécutée, et comme tout groupe persécuté, elle ...

26 - 30

... avait sans doute tendance à se renfermer sur elle-même, à compter ses forces et ses militants. « Celui qui n'est pas contre nous est pour nous ! » À travers son propos, Jésus dénonce, d'une certaine manière, l'esprit de clocher qui guette tout groupe humain et qui guette aussi nos communautés paroissiales écartelées entre plusieurs clochers au point qu'on en oublie, parfois, la dimension fondamentale du rassemblement dominical et l'appartenance à une communauté. La tentation est alors grande de choisir « son » clocher, l'heure de « sa » messe, une communauté réelle ou une communauté virtuelle grâce aux médias. Au-delà des mots et des images, Jésus appelle à l'urgence de la conversion. Christ nous appelle à faire Église.

En cette période de rentrée, à quelle conversion
suis-je appelé pour faire Église avec d'autres,
pour être coresponsable de la communauté chrétienne
à laquelle j'appartiens ?

À quel appel de ma paroisse vais-je pouvoir répondre
en fonction de mes dons et de mes talents ? ■

LIRE L'ÉVANGILE AVEC LES ENFANTS

CE QUE JE DÉCOUVRE

La mission des Apôtres, c'est de chasser
les démons. Ils ne sont pas contents
quand d'autres font aussi bien qu'eux
au nom de Jésus. Ils sont un peu jaloux.
Alors, Jésus les gronde. Quand on est un ami
de Jésus, on n'est pas meilleur que les autres.
Être ami de Jésus, c'est faire le bien.
Même un petit geste comme donner un simple
verre d'eau. Faire le bien, c'est être pour Jésus.
C'est être contre le mal. Tout le bien qui est fait
rend le monde plus beau.

CE QUE JE VIS

Comme les Apôtres, t'arrive-t-il aussi d'être jaloux ? à quel moment ?
Raconte le dernier « petit geste »
qui montre que tu es un ami de Jésus.
Avec un adulte, allume une bougie.
Prie pour une personne qui t'a fait du bien.

Texte : P. Cédric Kuntz. Illustrations : Marcelino Truong

26 - 30

MÉDITATION BIBLIQUE
26ᴱ DIMANCHE DU TEMPS ORDINAIRE
Livre des Nombres 11, 25-29

Écouter l'inattendu

**Même quand la prophétie se trompe de camp,
Moïse reconnaît son bien-fondé.**

Le temps de la préparation

« Le vent souffle où il veut :
tu entends sa voix, mais tu
ne sais ni d'où il vient ni où il va.
Il en est ainsi pour qui est né
du souffle de l'Esprit. » (Jn 3, 8)

Le temps de l'observation

La lecture du livre des Nombres
donne un certain nombre d'indica-
tions sur le phénomène prophétique.
D'abord, on ne peut le contrôler. La
personne appelée à prophétiser le fait,
qu'elle en est l'autorisation ou non,
qu'elle soit au bon endroit ou hors
des clous. Eldad et Médad, qui ne se
sont pas rendus à la convocation par
peur peut-être de devenir prophètes,
finiront quand même par l'être.

Ensuite, la prophétie peut susciter des incompréhensions, voire des
jalousies. Très protecteur de Moïse,
Josué voit dans cet événement
quelque chose qui met en question

l'ordre établi et risque de déstabiliser l'autorité de Moïse. La prophétie dérange car, par définition, le groupe ne la contrôle pas. Enfin, elle est une grande richesse. La réaction de Moïse est instructive. Il se réjouit d'apprendre que la prophétie passe, circule, défait tous les plans. Loin de remettre en question son pouvoir, elle est un bien précieux qu'il appelle de ses vœux.

Le temps de la méditation

L'histoire de cette prophétie hors de contrôle nous rappelle qu'institution et prophétie ne font pas toujours bon ménage. La réaction de Moïse est pourtant la bonne. S'il a à ce point confiance envers les bienfaits de la prophétie, c'est qu'il sait qu'elle vient de Dieu. Or ce qui vient de Dieu ne se contrôle pas, ne se réduit pas, ne se prévoit pas. Moïse craint d'avantage de désobéir à Dieu que de perdre son pouvoir ou sa place. Or l'écoute de Dieu n'est pas chose facile. Les prophètes sont donc une aide précieuse pour ne jamais perdre de vue que Dieu est premier et dernier. Moïse qui a confiance en Dieu le sait. Son pouvoir ne vaut que s'il le reçoit et ne le retient pas. Cet épisode nous renvoie à nos propres craintes et nos désirs de contrôle. Notre capacité d'écoute à cet inattendu est primordiale pour ne pas risquer d'enfermer Dieu dans nos seules visées.

Le temps de la prière

« Oui, il est notre Dieu ; nous sommes le peuple qu'il conduit, le troupeau guidé par sa main. Aujourd'hui écouterez-vous sa parole ? » Ps 94 (95), 7 ∎

Marie-Laure Durand, bibliste

26 - 30

29 SEPTEMBRE
BIENHEUREUX
JEAN DE MONTMIRAIL

La conversion d'un seigneur

Plaire au monde ou plaire à Dieu ? Longtemps, pour Jean de Montmirail, la question ne se posa pas. Ce fils d'un riche seigneur de Champagne ressemblait au Thésée décrit par Racine : « Charmant, jeune, traînant tous les cœurs après soi. » Placé à la cour du roi Louis VII, il s'y fit vite remarquer, tant par la vivacité de son esprit que par son habileté à manier les armes. Il devint même l'ami, puis le conseiller du prince Philippe, futur roi Philippe Auguste. En 1185, Jean de Montmirail renforça encore sa position sociale en épousant Helvide de Dampierre, issue de la haute noblesse. Son aura atteignit son apogée en 1198, lorsqu'il sauva héroïquement la vie du roi, à la bataille de Gisors. Philippe Auguste le remercia en le faisant baron et même, selon certaines sources, connétable de France ! Parvenu au faîte de la gloire, Jean de Montmirail commença pourtant à douter. Un religieux lui fit comprendre que les fêtes, les tournois et les guerres, les succès et les conquêtes, le détournaient de Dieu et compromettaient son salut. Alors, Jean décida de quitter la cour. Revenu sur ses terres et résolu à mener une vie utile, il s'impliqua dans l'éducation de ses six enfants, traita domestiques et paysans avec sollicitude, multiplia les donations en faveur des monastères et fonda un hospice pour les malades. Il se fit aussi bâtir un petit ermitage, où il se retirait pour prier.

Est-ce là que lui vint l'idée de se donner entièrement à Dieu ? Toujours est-il qu'en 1210, le seigneur de Montmirail, âgé de 45 ans, entra, avec le consentement de son épouse et malgré les moqueries de ses anciens amis, à l'abbaye cistercienne de Longpont, près de Soissons (Aisne). Venu pour servir et non plus pour être servi, il observa la règle en vigueur avec une humilité et une obéissance remarquables.

Jean de Montmirail mourut en odeur de sainteté en 1217, mais il ne fut officiellement béatifié qu'en 1891. ∎

Xavier Lecœur,
journaliste et historien

UN SAINT POUR AUJOURD'HUI
La vie du bienheureux Jean de Montmirail nous rappelle que la recherche de la seule réussite sociale peut s'avérer dangereuse, en gonflant notre orgueil, en nous faisant oublier notre prochain et en nous détournant de ce qui est l'essentiel pour tout baptisé : la quête de Dieu.

26 - 30

Saint Vincent de Paul

1581-1660. Grand apôtre de la charité, fondateur des Prêtres de la Mission, des Filles de la Charité et des Équipes Saint-Vincent. Canonisé en 1737.

Antienne d'ouverture

« L'Esprit du Seigneur est sur moi, dit Jésus, parce que le Seigneur m'a consacré par l'onction. Il m'a envoyé porter la Bonne Nouvelle aux pauvres, apporter aux opprimés la libération. » (Lc 4, 18 [Is 61, 1])

Prière

Seigneur, tu as donné à saint Vincent de Paul toutes les qualités d'un apôtre pour secourir les pauvres et former les prêtres ; accorde-nous une pareille ardeur pour aimer ce qu'il a aimé et pratiquer ce qu'il a enseigné. Par Jésus Christ… *— Amen.*

Lecture

du livre du prophète Zacharie (8, 1-8)

« Voici que je sauve mon peuple, en le ramenant du pays de l'orient et du pays de l'occident »

Parole du Seigneur de l'univers : Ainsi parle le Seigneur de l'univers : J'éprouve pour Sion un amour jaloux, j'ai pour elle une ardeur passionnée. Ainsi parle le Seigneur : Je suis revenu vers Sion, et je fixerai ma demeure au milieu de Jérusalem. Jérusalem s'appellera : « Ville de la loyauté », et la montagne du Seigneur de l'univers : « Montagne sainte. » Ainsi parle le Seigneur de l'univers : Les vieux et les vieilles reviendront s'asseoir sur les places de Jérusalem, le bâton à la main, à cause de leur grand âge ; les places de la ville seront pleines de petits garçons et de petites filles qui viendront y jouer. Ainsi parle le Seigneur de l'univers : Si tout cela paraît une merveille aux yeux des survivants de ce temps-là, ce sera aussi une merveille à mes yeux – oracle du Seigneur de l'univers. Ainsi parle le Seigneur de l'univers : Voici que je sauve mon peuple, en le ramenant du pays de l'orient et du pays de l'occident. Je les ferai venir pour qu'ils demeurent au milieu de Jérusalem. Ils seront mon peuple, et moi, je serai leur Dieu, dans la loyauté et dans la justice. – Parole du Seigneur.

Psaume 101 (102)

℟ *Le Seigneur rebâtira Sion, il apparaîtra dans sa gloire.*

Les nations craindront le nom du Seigneur,
et tous les rois de la terre, sa gloire :
quand le Seigneur rebâtira Sion,
quand il apparaîtra dans sa gloire,
il se tournera vers la prière du spolié,
il n'aura pas méprisé sa prière. ℟

Que cela soit écrit pour l'âge à venir,
et le peuple à nouveau créé chantera son Dieu :
« Des hauteurs, son sanctuaire,
     le Seigneur s'est penché ;

du ciel, il regarde la terre
pour entendre la plainte des captifs
et libérer ceux qui devaient mourir. » ℟

Les fils de tes serviteurs trouveront un séjour,
et devant toi se maintiendra leur descendance.
On publiera dans Sion le nom du Seigneur
et sa louange dans tout Jérusalem,
au rassemblement des royaumes
     et des peuples
qui viendront servir le Seigneur. ℟

26 - 30

Acclamation de l'Évangile

Alléluia. Alléluia. Le Fils de l'homme est venu pour servir, et donner sa vie en rançon pour la multitude. ***Alléluia.***

Évangile de Jésus Christ —————

selon saint Luc (9, 46-50)

« Le plus petit d'entre vous tous, c'est celui-là qui est grand »

En ce temps-là, une discussion survint entre les disciples pour savoir qui, parmi eux, était le plus grand. Mais Jésus, sachant quelle discussion occupait leur cœur, prit un enfant, le plaça à côté de lui et leur dit : « Celui qui accueille en mon nom cet enfant, il m'accueille, moi. Et celui qui m'accueille accueille celui qui m'a envoyé. En effet, le plus petit d'entre vous tous, c'est celui-là qui est grand. »

Jean, l'un des Douze, dit à Jésus : « Maître, nous avons vu quelqu'un expulser des démons en ton nom ; nous l'en avons empêché, car il ne marche pas à ta suite avec nous. » Jésus lui répondit : « Ne l'en empêchez pas : qui n'est pas contre vous est pour vous. »

Prière sur les offrandes

Seigneur, tu donnais à saint Vincent la force de conformer toute sa vie aux saints mystères qu'il célébrait ; fais que nous devenions nous-mêmes, par la puissance de cette eucharistie, une offrande agréable à tes yeux. Par Jésus…
— ***Amen.***

Antienne de la communion

Proclamons l'amour du Seigneur,
ses merveilles pour les hommes :
il a rassasié ceux qui avaient faim
et désaltéré ceux qui avaient soif.

(Ps 106, 8-9)

Prière après la communion

Déjà réconfortés par cette eucharistie, nous te supplions humblement, Seigneur : permets que l'exemple de saint Vincent nous stimule et nous soutienne afin que nous allions, comme ton Fils, annoncer aux pauvres la Bonne Nouvelle. Par Jésus… — *Amen.*

INVITATION

Vincent de Paul était apôtre de la charité. Les Équipes Saint-Vincent poursuivent son œuvre. Comment puis-je les aider ?

COMMENTAIRE

Divin dernier   Luc 9, 46-50

« Le plus petit d'entre vous tous, c'est celui-là qui est grand. » Incroyable ! Jésus renverse les valeurs habituelles du monde : le règne du plus fort. Le Christ réhabilite le petit dernier de la cordée humaine. Souvent, celui-ci est marginalisé en raison de son impuissance et de sa fragilité. Pourtant, pour Jésus, il tient la première place. L'accueillir, c'est accueillir un Dieu que nul ne pourrait, de lui-même, imaginer si vulnérable. ∎   *Père Jean-Paul Musangania, assomptionniste*

26 - 30

Temps ordinaire, *suggestion d'oraisons et d'antiennes n°27,*
ou **saint Venceslas,**
ou **saint Laurent Ruiz et ses compagnons**

Antienne d'ouverture

**Tout dépend de ta volonté, Seigneur, et rien ne peut lui résister :
c'est toi qui as fait le ciel et la terre et les merveilles qu'ils contiennent.
Tu es le Maître de l'univers.** (Est 13, 9. 10-11)

Prière

Dans ton amour inépuisable, Dieu éternel et tout-puissant, tu combles ceux qui t'implorent, bien au-delà de leurs mérites et de leurs désirs ; répands sur nous ta miséricorde en délivrant notre conscience de ce qui l'inquiète et en donnant plus que nous n'osons demander. Par Jésus Christ… — **Amen.**

Lecture ───────────────────────

du livre du prophète Zacharie (8, 20-23)

« Des peuples nombreux viendront à Jérusalem chercher le Seigneur »

Ainsi parle le Seigneur de l'univers : Voici que, de nouveau, des peuples afflueront, des habitants de nombreuses villes. Les habitants d'une ville iront dans une autre ville et diront : « Allons apaiser la face du Seigneur, allons chercher le Seigneur de l'univers ! Quant à moi, j'y vais. » Des peuples nombreux et des nations puissantes viendront à Jérusalem chercher le Seigneur de l'univers et apaiser sa face. Ainsi

parle le Seigneur de l'univers : En ces jours-là, dix hommes de toute langue et de toute nation saisiront un Juif par son vêtement et lui diront : « Nous voulons aller avec vous, car nous avons appris que Dieu est avec vous. »
– Parole du Seigneur.

Psaume 86 (87)

℟ **Dieu est avec nous.**

Elle est fondée sur les montagnes saintes.
Le Seigneur aime les portes de Sion
plus que toutes les demeures de Jacob.
Pour ta gloire on parle de toi, ville de Dieu ! ℟

« Je cite l'Égypte et Babylone
entre celles qui me connaissent. »
Voyez Tyr, la Philistie, l'Éthiopie :
chacune est née là-bas. ℟

Mais on appelle Sion : « Ma mère ! »
car en elle, tout homme est né.
C'est lui, le Très-Haut, qui la maintient. ℟

Au registre des peuples, le Seigneur écrit :
« Chacun est né là-bas. »
Tous ensemble ils dansent, et ils chantent :
« En toi, toutes nos sources ! » ℟

Acclamation de l'Évangile

Alléluia. Alléluia. Le Fils de l'homme est venu pour servir, et donner sa vie en rançon pour la multitude. ***Alléluia.***

26 - 30

Évangile de Jésus Christ ——————————

selon saint Luc (9, 51-56)

« Jésus, le visage déterminé, prit la route de Jérusalem »

Comme s'accomplissait le temps où il allait être enlevé au ciel, Jésus, le visage déterminé, prit la route de Jérusalem. Il envoya, en avant de lui, des messagers ; ceux-ci se mirent en route et entrèrent dans un village de Samaritains pour préparer sa venue. Mais on refusa de le recevoir, parce qu'il se dirigeait vers Jérusalem. Voyant cela, les disciples Jacques et Jean dirent : « Seigneur, veux-tu que nous ordonnions qu'un feu tombe du ciel et les détruise ? » Mais Jésus, se retournant, les réprimanda. Puis ils partirent pour un autre village.

Prière sur les offrandes

Accepte, Seigneur, le sacrifice que tu nous as donné : dans les mystères que nous célébrons pour te rendre grâce, sanctifie les hommes que tu as sauvés par ton Fils. Lui qui… — **Amen.**

Antienne de la communion

À nous tous,
nous ne formons qu'un seul corps,
puisqu'il n'y a qu'un seul pain,
nous qui communions au même pain
et à la même coupe. (cf. 1 Co 10, 17)

OU
Le Seigneur est bon
pour ceux qui se tournent vers lui,
pour ceux qui le recherchent.
(Lm 3, 25)

Prière après la communion
Accorde-nous, Seigneur notre Dieu, de trouver dans cette communion notre force et notre joie ; afin que nous puissions devenir ce que nous avons reçu : le corps du Christ. Lui qui… — **Amen.**

INVITATION

J'adresse le signet du mois à la personne avec qui j'ai envie de le partager.

COMMENTAIRE

Éviter les pièges
Luc 9, 51-56

Les disciples veulent recourir à la violence étant donné que les Samaritains refusent de les accueillir. Jésus les réprimande. Loin de brandir la foudre de la colère divine, il se situe dans le droit fil de l'amour, il est signe et instrument de la miséricorde de Dieu. Pour lui, le pardon est plus grand que la vengeance. Pardonner n'est-il pas un remède pour échapper aux pièges des règlements de compte ? ■

Père Jean-Paul Musangania, assomptionniste

26 - 30

Saints Michel, Gabriel, Raphaël, archanges

L'Église honore aujourd'hui les archanges Michel, Gabriel et Raphaël, les trois anges, parmi les sept qui se tiennent devant Dieu, à être nommés dans la Bible.

Antienne d'ouverture

Messagers du Seigneur, bénissez le Seigneur, vous, les invincibles porteurs de ses ordres, prompts à exécuter sa parole. (Ps 102, 20)

Gloire à Dieu *(p. 202)*

Prière

Dans ta sagesse admirable, Seigneur, tu assignes leurs fonctions aux anges et aux hommes ; fais que nous soyons protégés sur cette terre par ceux qui dans le ciel servent toujours devant ta face. Par Jésus Christ… — **Amen.**

Lectures propres à la fête des saints Michel, Gabriel et Raphaël.

Lecture

du livre du prophète Daniel (7, 9-10. 13-14)

« Des millions d'êtres le servaient »

La nuit, au cours d'une vision, moi, Daniel, je regardais : des trônes furent disposés, et un Vieillard prit place ; son habit était blanc comme la neige, et les cheveux de sa tête, comme de la laine immaculée ; son trône était fait de flammes de feu, avec des roues de feu ardent. Un fleuve de feu coulait, qui jaillissait devant lui. Des milliers de milliers le servaient, des myriades de myriades se tenaient devant lui. Le tribunal prit place et l'on ouvrit des livres. Je regardais, au cours des visions de la nuit, et je voyais venir, avec les nuées du ciel, comme un Fils d'homme ; il parvint jusqu'au Vieillard, et on le fit avancer devant lui. Et il lui fut donné domination, gloire et royauté ; tous les peuples, toutes les nations et les gens de toutes langues le servirent. Sa domination est une domination éternelle, qui ne passera pas, et sa royauté, une royauté qui ne sera pas détruite.

– Parole du Seigneur.

On peut aussi lire l'Apocalypse de saint Jean 12, 7-12a.

Psaume 137 (138)

℟ *Je te chante, Seigneur, en présence des anges.*

De tout mon cœur, Seigneur,
je te rends grâce :
tu as entendu les paroles de ma bouche.
Je te chante en présence des anges,
vers ton temple sacré, je me prosterne. ℟

Je rends grâce à ton nom pour ton amour
et ta vérité,
car tu élèves, au-dessus de tout,
ton nom et ta parole.

Le jour où tu répondis à mon appel,
tu fis grandir en mon âme la force. ℟

Tous les rois de la terre te rendent grâce
quand ils entendent les paroles
de ta bouche.
Ils chantent les chemins du Seigneur :
« Qu'elle est grande,
la gloire du Seigneur ! » ℟

26 - 30

Acclamation de l'Évangile

Alléluia. Alléluia. Tous les anges du Seigneur, bénissez le Seigneur : à lui, haute gloire, louange éternelle ! ***Alléluia.***

Évangile de Jésus Christ

selon saint Jean (1, 47-51)

> *« Vous verrez les anges de Dieu monter et descendre au-dessus du Fils de l'homme »*

En ce temps-là, lorsque Jésus vit Nathanaël venir à lui, il déclara à son sujet : « Voici vraiment un Israélite : il n'y a pas de ruse en lui. » Nathanaël lui demande : « D'où me connais-tu ? » Jésus lui répond : « Avant que Philippe t'appelle, quand tu étais sous le figuier, je t'ai vu. » Nathanaël lui dit : « Rabbi, c'est toi le Fils de Dieu ! C'est toi le roi d'Israël* ! » Jésus reprend : « Je te dis que je t'ai vu sous le figuier, et c'est pour cela que tu crois! Tu verras des choses plus grandes encore. » Et il ajoute : « Amen, amen, je vous le dis : vous verrez le ciel ouvert, et les anges de Dieu monter et descendre au-dessus du Fils de l'homme. »

Prière sur les offrandes

Avec nos humbles prières, Seigneur, nous t'offrons le sacrifice d'action de grâce ; puisque les anges le portent en présence de ta gloire, daigne l'accueillir avec bonté et fais qu'il nous obtienne le salut. Par Jésus… — ***Amen***

Prière eucharistique

(Préface des Archanges)

Vraiment, il est juste et bon de t'offrir notre action de grâce, Dieu éternel et tout-puissant, et de te rendre gloire pour tes anges et tes archanges : l'admiration que leur fidélité nous inspire rejaillit jusqu'à toi, et la splendeur de ces créatures spirituelles nous laisse entrevoir comme tu es grand et combien tu surpasses tous les êtres. Avec ces multitudes d'esprits bienheureux qui t'adorent dans le ciel par le Christ, notre Seigneur, nous te chantons ici-bas en proclamant :

Saint ! Saint ! Saint...

Antienne de la communion

De tout cœur, je veux, Seigneur,
te rendre grâce ;
je te chante
en présence des anges.

(Ps 137, 1)

Prière après la communion

Déjà réconfortés par le pain du ciel, nous te supplions humblement, Seigneur : puissions-nous avec ces forces neuves, et sous la protection des anges, avancer d'un pas ferme dans la voie du salut. Par Jésus...

— Amen.

INVITATION

Je choisis quelqu'un à qui j'envoie un message (e-mail, SMS...)
pour lui dire combien il compte pour moi.

26 - 30

MERCREDI 29 SEPTEMBRE 2021

La protection des anges

Jean 1, 47-51

« Avant que Philippe ne t'appelle, quand tu étais sous le figuier, je t'ai vu. » La rencontre entre Jésus et Nathanaël est d'une lucidité et d'une sincérité étonnantes. Où que nous soyons, même les pieds dans la boue, Jésus nous rejoint pour ouvrir nos yeux aux merveilles de son amour. Au temps d'incertitude, il nous assure de la protection des anges. Recourons-nous à ces divins compagnons pour franchir les obstacles sur notre chemin ? ■ *Père Jean-Paul Musangania, assomptionniste*

✣ CLÉ DE LECTURE

« Roi d'Israël »

Jean 1, 49 *(p. 192)*

En le nommant « Fils de Dieu » et aussitôt après « roi d'Israël », Nathanaël voit en Jésus celui qui accomplit les Écritures et la promesse d'un descendant que Dieu a faite à David : « Je serai pour lui un père, il sera pour moi un fils » (2 S 7, 14). Jésus l'approuve mais il remplace ces titres par celui de « Fils de l'homme ». L'évocation grandiose de ce Fils de l'homme réunissant ciel et terre renvoie au contraire au livre de Daniel. Si royauté il y a, elle sera universelle, le Fils de l'homme devant régner sur tous les peuples. Mais le titre rappelle aussi en sourdine que ce Fils de l'homme livré aux mains des hommes devra d'abord traverser la souffrance et la mort. Et cela fait partie de « ces choses plus grandes encore », inimaginables pour Nathanaël. ■

Roselyne Dupont-Roc, bibliste

Saint Jérôme

Vers 347-420. Passionné des saintes Écritures, auteur de la célèbre « Vulgate » (traduction de la Bible en latin à partir des textes grecs et hébreux) et de très nombreux commentaires.

Antienne d'ouverture

**Que les paroles de Dieu soient toujours sur tes lèvres ;
médite-les jour et nuit, veille à les accomplir en tout
ce qu'elles contiennent : alors ta vie prendra sens et valeur.** (Jos 1, 8)

Prière

Dieu, qui as donné à saint Jérôme de goûter la sainte Écriture et d'en vivre intensément, fais que ton peuple soit davantage nourri de ta parole et trouve en elle une source de vie. Par Jésus Christ… — ***Amen.***

Lecture

du livre de Néhémie (8, 1-4a. 5-6. 7b-12)

> *« Esdras ouvrit le livre de la Loi, il bénit le Seigneur,
> et tout le peuple répondit : "Amen ! Amen !" »*

En ces jours-là, tout le peuple se rassembla comme un seul homme sur la place située devant la porte des Eaux. On demanda au scribe Esdras d'apporter le livre de la loi de Moïse, que le Seigneur avait prescrite à Israël. Alors le prêtre Esdras apporta la Loi en présence de l'assemblée, composée des hommes, des femmes, et de tous les enfants en âge de comprendre. C'était le premier jour du septième mois. Esdras, tourné vers la place de la porte des Eaux, fit la lecture dans le livre, depuis le lever du jour jusqu'à midi, en présence des hommes, des femmes, et de tous les enfants en âge de comprendre : tout le peuple écoutait la lecture de la Loi. Le scribe Esdras se tenait sur une tribune de bois, construite tout exprès. Esdras ouvrit le livre ; tout le peuple le voyait, car il dominait l'assemblée. Quand il ouvrit le livre, tout le monde se mit debout. Alors Esdras bénit le Seigneur, le Dieu très grand, et tout le peuple, levant les mains, répondit : « Amen ! Amen ! » Puis ils s'inclinèrent et se prosternèrent devant le Seigneur, le visage contre terre. Les Lévites expliquaient la Loi au peuple, pendant que le peuple demeurait debout sur place. Esdras lisait un passage dans le livre de la loi de Dieu, puis les Lévites traduisaient, donnaient le sens, et l'on pouvait comprendre.

Néhémie le gouverneur, Esdras qui était prêtre et scribe, et les Lévites qui donnaient les explications, dirent à tout le peuple : « Ce jour est consacré au Seigneur votre Dieu ! Ne prenez pas le deuil, ne pleurez pas ! » Car ils pleuraient tous en entendant les paroles de la Loi. Esdras leur dit encore : « Allez, mangez des viandes savoureuses, buvez des boissons aromatisées, et envoyez une part à celui qui n'a rien de prêt. Car ce jour est consacré à notre Dieu ! Ne vous affligez pas : la joie du Seigneur est votre rempart ! » Les Lévites calmaient tout le peuple en disant : « Cessez de pleurer, car ce jour est saint. Ne vous affligez pas ! » Puis tout le peuple se dispersa pour aller manger, boire, envoyer des parts à ceux qui n'avaient rien de prêt, et se livrer à de grandes réjouissances ; en effet, ils avaient compris les paroles qu'on leur avait fait entendre. – Parole du Seigneur.

Psaume 18B (19)

℟ **Les préceptes du Seigneur sont droits, ils réjouissent le cœur.**

La loi du Seigneur est parfaite,
qui redonne vie ;
la charte du Seigneur est sûre,
qui rend sages les simples. ℟

Les préceptes du Seigneur sont droits,
ils réjouissent le cœur ;
le commandement du Seigneur est limpide,
il clarifie le regard. ℟

La crainte qu'il inspire est pure,
elle est là pour toujours ;
les décisions du Seigneur sont justes
et vraiment équitables : ℟

plus désirables que l'or,
qu'une masse d'or fin,
plus savoureuses que le miel
qui coule des rayons. ℟

Acclamation de l'Évangile

Alléluia. Alléluia. Le règne de Dieu est tout proche. Convertissez-vous et croyez à l'Évangile. *Alléluia.*

Évangile de Jésus Christ

selon saint Luc (10, 1-12)

« Votre paix ira reposer sur lui »

En ce temps-là, parmi les disciples le Seigneur en désigna encore 72, et il les envoya deux par deux, en avant de lui, en toute ville et localité où lui-même allait se rendre. Il leur dit : « La moisson est abondante, mais les ouvriers sont peu nombreux. Priez donc le maître de la moisson d'envoyer des ouvriers pour sa moisson. Allez! Voici que je vous envoie comme des agneaux au milieu des loups. Ne portez ni bourse, ni sac, ni sandales, et ne saluez personne en chemin. Mais dans toute maison où vous entrerez, dites d'abord : "Paix à cette maison." S'il y a là un ami de la paix, votre paix ira reposer sur lui ; sinon, elle reviendra sur vous. Restez dans cette maison, mangeant et buvant ce que l'on vous sert ; car l'ouvrier mérite son salaire. Ne passez pas de maison en maison. Dans toute ville où vous entrerez et où vous serez accueillis, mangez ce qui vous est présenté. Guérissez les malades qui s'y trouvent et dites-leur : "Le règne de Dieu s'est approché de vous." Mais dans toute ville où vous entrerez et où vous ne serez pas accueillis, allez sur les places et dites : "Même la poussière de votre ville, collée à nos pieds, nous l'enlevons pour vous la laisser. Toutefois, sachez-le : le règne de Dieu s'est approché." Je vous le déclare : au dernier jour, Sodome sera mieux traitée que cette ville. »

Prière sur les offrandes

Permets, Seigneur notre Dieu, qu'après avoir accueilli ta parole en nos cœurs, à l'exemple de saint Jérôme, nous mettions plus d'empressement à t'offrir le sacrifice du salut. Par Jésus… — **Amen.**

Antienne de la communion

Quand tes paroles
se présentaient,
Seigneur, je les dévorais.

Ta parole faisait mes délices
et la joie de mon cœur.
(Jr 15, 16)

Prière après la communion

Permets, Seigneur notre Dieu, que cette communion reçue en la fête de saint Jérôme réveille le cœur de tes fidèles : attentifs aux enseignements de l'Écriture, ils verront quel chemin il faut suivre ; en le suivant, ils parviendront à la vie éternelle. Par Jésus…
— *Amen.*

INVITATION

En cette fête de saint Jérôme, je cherche dans les textes du jour une phrase ou un verset qui m'accompagnera dans ma journée.

COMMENTAIRE

Une annonce énergique   Luc 10, 1-12

Annoncer l'Évangile n'est pas une mission mièvre, où les disciples feraient cavalier seul et attendraient sous la couette que des hommes et des femmes leur demandent le baptême. Non, annoncer la Bonne Nouvelle requiert courage, énergie, vigueur, ascèse et, parfois, persécution. Aux jours d'épreuve, rappelons-nous les paroles de Mgr Pierre Claverie, mort en martyr : « Dieu qui donne sens à notre vie et à notre mort. » ■

Père Jean-Paul Musangania, assomptionniste

26 - 30

La liturgie de la messe

OUVERTURE DE LA CÉLÉBRATION

Chant d'entrée

S'il n'y a pas de chant d'entrée, on dit l'antienne d'ouverture.

Le prêtre et les fidèles, debout, se signent, tandis que le prêtre dit:
Au nom du Père, et du Fils, et du Saint-Esprit. Amen.

Salutation

(1) La grâce de Jésus notre Seigneur, l'amour de Dieu le Père
et la communion de l'Esprit Saint, soient toujours avec vous.
— **Et avec votre esprit.**

(2) Le Seigneur soit avec vous.
— **Et avec votre esprit.**

(3) Que Dieu notre Père et Jésus Christ notre Seigneur vous donnent
la grâce et la paix.
— **Béni soit Dieu, maintenant et toujours !**

Préparation pénitentielle

(1) *Je confesse à Dieu*

Je confesse à Dieu tout-puissant, je reconnais devant mes frères,
que j'ai péché en pensée, en parole, par action et par omission;
oui, j'ai vraiment péché. C'est pourquoi je supplie la Vierge Marie,
les anges et tous les saints, et vous aussi, mes frères,
de prier pour moi le Seigneur notre Dieu.

(2) Seigneur, accorde-nous ton pardon. — *Nous avons péché contre toi.*
Montre-nous ta miséricorde. — *Et nous serons sauvés.*

(3) Seigneur Jésus, envoyé par le Père pour guérir et sauver les hommes,
prends pitié de nous. — *Prends pitié de nous.*
Ô Christ, venu dans le monde appeler tous les pécheurs,
prends pitié de nous. — *Prends pitié de nous.*
Seigneur, élevé dans la gloire du Père où tu intercèdes pour nous,
prends pitié de nous. — *Prends pitié de nous.*

Que Dieu tout-puissant nous fasse miséricorde; qu'il nous pardonne
nos péchés et nous conduise à la vie éternelle. — *Amen.*

Si l'on a choisi la 1re ou la 2e formule, on dit:
Seigneur, prends pitié. — *Seigneur, prends pitié.*
Ô Christ, prends pitié. — *Ô Christ, prends pitié.*
Seigneur, prends pitié. — *Seigneur, prends pitié.*

Gloire à Dieu

Gloire à Dieu, au plus haut des cieux, et paix sur la terre aux hommes qu'il aime. Nous te louons, nous te bénissons, nous t'adorons, nous te glorifions, nous te rendons grâce, pour ton immense gloire, Seigneur Dieu, Roi du ciel, Dieu le Père tout-puissant.
Seigneur, Fils unique, Jésus Christ, Seigneur Dieu, Agneau de Dieu, le Fils du Père; toi qui enlèves le péché du monde, prends pitié de nous; toi qui enlèves le péché du monde, reçois notre prière; toi qui es assis à la droite du Père, prends pitié de nous.
Car toi seul es saint, toi seul es Seigneur, toi seul es le Très-Haut : Jésus Christ, avec le Saint-Esprit dans la gloire de Dieu le Père.
Amen.

Gloria in excelsis Deo et in terra pax hominibus bonae voluntatis. Laudamus te, benedicimus te, adoramus te. Glorificamus te. Gratias agimus tibi propter magnam gloriam tuam, Domine Deus, Rex caelestis, Deus Pater omnipotens. Domine Fili unigenite, Jesu Christe. Domine Deus, Agnus Dei, Filius Patris. Qui tollis peccata mundi, miserere nobis. Qui tollis peccata mundi, suscipe deprecationem nostram; qui sedes ad dexteram Patris, miserere nobis. Quoniam tu solus sanctus, tu solus Dominus, tu solus Altissimus, Jesu Christe, cum Sancto Spiritu : in gloria Dei Patris. Amen.

Prière

Voir à la date du jour.

LITURGIE DE LA PAROLE

Voir à la date du jour.

Profession de foi

SYMBOLE DES APÔTRES

Je crois en Dieu, le Père tout-puissant, créateur du ciel et de la terre.

**Et en Jésus Christ, son Fils unique, notre Seigneur,
qui a été conçu du Saint-Esprit, est né de la Vierge Marie,
a souffert sous Ponce Pilate, a été crucifié,
est mort et a été enseveli, est descendu aux enfers,
le troisième jour est ressuscité des morts, est monté aux cieux,
est assis à la droite de Dieu le Père tout-puissant,
d'où il viendra juger les vivants et les morts.**

**Je crois en l'Esprit Saint,
à la sainte Église catholique, à la communion des saints,
à la rémission des péchés, à la résurrection de la chair,
à la vie éternelle.**

Amen.

Symbole de Nicée-Constantinople

Je crois en un seul Dieu, le Père tout-puissant,
créateur du ciel et de la terre, de l'univers visible et invisible.
Je crois en un seul Seigneur, Jésus Christ, le Fils unique de Dieu,
né du Père avant tous les siècles :
il est Dieu, né de Dieu, lumière, née de la lumière, vrai Dieu, né du vrai Dieu,
engendré, non pas créé, de même nature que le Père; et par lui tout a été fait.
Pour nous les hommes, et pour notre salut, il descendit du ciel;
par l'Esprit Saint, il a pris chair de la Vierge Marie, et s'est fait homme.
Crucifié pour nous sous Ponce Pilate,
il souffrit sa passion et fut mis au tombeau.
Il ressuscita le troisième jour, conformément aux Écritures,
et il monta au ciel; il est assis à la droite du Père.
Il reviendra dans la gloire, pour juger les vivants et les morts;
et son règne n'aura pas de fin.
Je crois en l'Esprit Saint, qui est Seigneur et qui donne la vie;
il procède du Père et du Fils;
avec le Père et le Fils, il reçoit même adoration et même gloire;
il a parlé par les prophètes.
Je crois en l'Église, une, sainte, catholique et apostolique.
Je reconnais un seul baptême pour le pardon des péchés.
J'attends la résurrection des morts, et la vie du monde à venir.
Amen.

CREDO

Credo in unum Deum,
Patrem omnipotentem,
factorem caeli et terrae,
visibilium omnium et invisibilium.
Et in unum Dominum,
Jesum Christum,
Filium Dei unigenitum.
Et ex Patre natum ante omnia saecula.
Deum de Deo, lumen de lumine,
Deum verum de Deo vero.
Genitum non factum,
consubstantialem Patri,
per quem omnia facta sunt.
Qui propter nos homines,
et propter nostram salutem,
descendit de caelis.
Et incarnatus est de Spiritu Sancto
ex Maria Virgine,
et homo factus est.
Crucifixus etiam pro nobis sub Pontio
Pilato, passus, et sepultus est.

Et resurrexit tertia die,
secundum Scripturas.
Et ascendit in caelum,
sedet ad dexteram Patris.
Et iterum venturus est
cum gloria judicare vivos et mortuos;
cujus regni non erit finis.
Et in Spiritum Sanctum, Dominum,
et vivificantem :
qui ex Patre Filioque procedit;
Qui cum Patre et Filio
simul adoratur et conglorificatur :
qui locutus est per Prophetas.
Et unam sanctam catholicam
et apostolicam Ecclesiam.
Confiteor unum baptisma
in remissionem peccatorum.
Et expecto resurrectionem mortuorum,
et vitam venturi saeculi.

Amen.

Prière universelle

Préparation des dons

Tu es béni, Dieu de l'univers, toi qui nous donnes ce pain, fruit de la terre et du travail des hommes; nous te le présentons : il deviendra le pain de la vie.

— Béni soit Dieu, maintenant et toujours !

Comme cette eau se mêle au vin pour le sacrement de l'Alliance, puissions-nous être unis à la divinité de Celui qui a pris notre humanité.

Tu es béni, Dieu de l'univers, toi qui nous donnes ce vin, fruit de la vigne et du travail des hommes; nous te le présentons : il deviendra le vin du Royaume éternel. *— Béni soit Dieu, maintenant et toujours !*

Humbles et pauvres, nous te supplions, Seigneur, accueille-nous : que notre sacrifice, en ce jour, trouve grâce devant toi.

Lave-moi de mes fautes, Seigneur, purifie-moi de mon péché.

Prions ensemble, au moment d'offrir le sacrifice de toute l'Église.

— Pour la gloire de Dieu et le salut du monde.

Prière sur les offrandes *Voir à la date du jour.*

Prière eucharistique

Le Seigneur soit avec vous. *— Et avec votre esprit.*

Élevons notre cœur. *— Nous le tournons vers le Seigneur.*

Rendons grâce au Seigneur notre Dieu. *— Cela est juste et bon.*

Préfaces *(La numérotation des préfaces suit l'édition 1978 du Missel romain.)*

Les préfaces du mois de septembre

7ᵉ préface des dimanches (26)

Sauvés par l'obéissance du Christ

Vraiment, il est juste et bon de te rendre gloire, de t'offrir notre action de grâce, toujours et en tout lieu, à toi, Père très saint, Dieu éternel et tout-puissant. Ton amour pour le monde est si grand que tu nous as envoyé un sauveur; tu l'as voulu semblable aux hommes en toute chose à l'exception du péché, afin d'aimer en nous ce que tu aimais en lui : nous avions rompu ton alliance, nous la retrouvons dans l'obéissance de ton Fils. Voilà pourquoi, Seigneur, avec les anges et tous les saints, nous proclamons ta gloire en (disant) chantant : **Saint ! Saint ! Saint…**

8ᵉ préface des dimanches (27)

L'unité de l'Église découle de l'unité trinitaire

Vraiment, il est juste et bon de te rendre gloire, de t'offrir notre action de grâce, toujours et en tout lieu, à toi, Père très saint, Dieu éternel et tout-puissant. Par le sang que ton Fils a versé, par le souffle de ton Esprit créateur, tu as ramené vers toi tes enfants que le péché avait éloignés; et ce peuple, unifié par la Trinité sainte, c'est l'Église, gloire de ta Sagesse, Corps du Christ et Temple de l'Esprit. Et nous qui sommes rassemblés pour te rendre grâce, avec les anges du ciel nous te chantons : **Saint ! Saint ! Saint…**

3ᵉ préface commune (30)

Création et relèvement de l'homme par Dieu

Vraiment, il est juste et bon de te rendre gloire, de t'offrir notre action de grâce, toujours et en tout lieu, à toi, Père très saint, Dieu éternel et tout-puissant. C'est par ton Fils bien-aimé que tu as créé l'homme; et c'est encore par lui que tu en fais une créature nouvelle. Aussi, dans l'univers, toute chose te célèbre, le peuple

Les préfaces du mois de septembre

des baptisés te glorifie, les saints te bénissent d'un seul cœur. Et déjà nous pouvons, avec tous les anges, proclamer hautement ta gloire :
Saint ! Saint ! Saint...

4e préface commune (31)

Louer Dieu est un don de sa grâce

Vraiment, il est juste et bon de te rendre gloire, de t'offrir notre action de grâce, toujours et en tout lieu, à toi, Père très saint, Dieu éternel et tout-puissant. Tu n'as pas besoin de notre louange, et pourtant c'est toi qui nous inspires de te rendre grâce : nos chants n'ajoutent rien à ce que tu es, mais ils nous rapprochent de toi, par le Christ, notre Seigneur. C'est par lui que la terre et le ciel, avec les anges et les archanges, ne cessent de t'acclamer en (disant) chantant :
Saint ! Saint ! Saint...

1re préface de la Vierge Marie (34)

La maternité divine de Marie

Vraiment, il est juste et bon de te rendre gloire, de t'offrir notre action de grâce, toujours et en tout lieu, à toi, Père très saint, Dieu éternel et tout-puissant. En ce jour où nous honorons la bienheureuse Vierge Marie : nous voulons te chanter, te bénir et te glorifier. Car elle a conçu ton Fils unique lorsque le Saint-Esprit la couvrit de son ombre, et, gardant pour toujours la gloire de sa virginité, elle a donné au monde la lumière éternelle, Jésus Christ, notre Seigneur. Par lui, avec les anges et tous les saints, nous chantons l'hymne de ta gloire et sans fin nous proclamons : **Saint ! Saint ! Saint...**

2e préface des Apôtres (37)

Les Apôtres, fondations de l'Église et témoins de Dieu

Vraiment, il est juste et bon de te rendre gloire, de t'offrir notre action de grâce, toujours et en tout lieu, à toi, Père très saint, Dieu éternel et tout-puissant, par le Christ, notre Seigneur. Car tu as fondé sur les Apôtres l'Église de ton Fils, pour qu'elle soit dans le monde le signe vivant de ta sainteté, et qu'elle annonce à tous les hommes l'Évangile du royaume des cieux. C'est pourquoi, dès maintenant et pour l'éternité, nous pouvons t'acclamer avec les anges en disant à pleine voix :

Saint ! Saint ! Saint…

Préface des saints martyrs (38)

Signification et valeur exemplaire du martyre

Vraiment, il est juste et bon de te rendre gloire, de t'offrir notre action de grâce, toujours et en tout lieu, à toi, Père très saint, Dieu éternel et tout-puissant. Nous reconnaissons un signe éclatant de ta grâce dans le martyre de saint N. ; en donnant sa vie comme le Christ, il a glorifié ton nom : c'est ta puissance qui se déploie dans la faiblesse quand tu donnes à des êtres fragiles de te rendre témoignage par le Christ, notre Seigneur. C'est pourquoi, avec les anges dans le ciel, nous pouvons te bénir sur la terre et t'adorer en (disant) chantant :

Saint ! Saint ! Saint…

Préface des saints pasteurs (39)

Rôle des saints pasteurs à l'égard de l'Église

Vraiment, il est juste et bon de te rendre gloire, de t'offrir notre action de grâce, toujours et en tout lieu, à toi, Père très saint, Dieu éternel et tout-puissant, par le Christ, notre Seigneur. En célébrant aujourd'hui la fête de saint N., nous admirons ta sollicitude pour ton Église : par l'exemple qu'il a donné, tu nous encourages, par son enseignement, tu nous éclaires, à sa prière, tu veilles sur nous. C'est pourquoi, avec tous

Les préfaces du mois de septembre

les anges et tous les saints, nous proclamons ta gloire en (disant) chantant : **Saint ! Saint ! Saint...**

Préface des vierges et religieux (40)

Signification de la vie consacrée

Vraiment, il est juste et bon de te rendre gloire, de t'offrir notre action de grâce, toujours et en tout lieu, à toi, Père très saint, Dieu éternel et tout-puissant. Nous célébrons les prévenances de ton amour pour tant d'hommes et de femmes parvenus à la sainteté en se donnant au Christ à cause du royaume des cieux. Par ce mystère d'alliance, tu veux que notre condition humaine retrouve sa splendeur première, et que, dès ici-bas, nous ayons un avant-goût des biens que tu nous donneras dans le monde à venir. C'est pourquoi, avec les anges et tous les saints, nous chantons et proclamons :
Saint ! Saint ! Saint...

1re préface des saints (41)

La gloire des saints

Vraiment, il est juste et bon de te rendre gloire, de t'offrir notre action de grâce, toujours et en tout lieu, à toi, Père très saint, Dieu éternel et tout-puissant. Car tu es glorifié dans l'assemblée des saints : lorsque tu couronnes leurs mérites, tu couronnes tes propres dons. Dans leur vie, tu nous procures un modèle, dans la communion avec eux, une famille, et dans leur intercession, un appui : afin que, soutenus par cette foule immense de témoins, nous courions jusqu'au bout l'épreuve qui nous est proposée et recevions avec eux l'impérissable couronne de gloire, par le Christ, notre Seigneur. C'est par lui que les anges célèbrent ta grandeur, que les esprits bienheureux adorent ta gloire, que s'inclinent devant toi les puissances d'en haut et tressaillent d'une même allégresse les innombrables créatures des cieux. À leur hymne de louange, laisse-nous joindre nos voix pour chanter et proclamer : *Saint ! Saint ! Saint...*

2e préface des saints *(42)*

Le rôle des saints

Vraiment, il est juste et bon de te rendre gloire, de t'offrir notre action de grâce, toujours et en tout lieu, à toi, Père très saint, Dieu éternel et tout-puissant, par le Christ, notre Seigneur. Tu ravives toujours les forces de ton Église par la foi dont témoignent les saints, et tu nous montres ainsi ton amour ; aujourd'hui, nous te rendons grâce, car leur exemple nous stimule, et leur prière fraternelle nous aide à travailler pour que ton règne arrive. Voilà pourquoi, Seigneur, avec les anges et tous les saints, nous proclamons ta gloire en (disant) chantant :

**Saint ! Saint ! Saint,
le Seigneur,
Dieu de l'univers !**

*Le ciel et la terre
sont remplis de ta gloire.
Hosanna au plus haut des cieux.
Béni soit celui
qui vient au nom du Seigneur.
Hosanna au plus haut des cieux.*

> *Sanctus, Sanctus, Sanctus
> Dominus Deus Sabaoth
> Pleni sunt caeli et terra gloria tua.
> Hosanna in excelsis.
> Benedictus qui venit in nomine
> Domini. Hosanna in excelsis.*

• *Prière eucharistique **1***
« Père infiniment bon... » .... *p. 212*

• *Prière eucharistique **2***
« Toi qui es vraiment saint... » .... *p. 216*

• *Prière eucharistique **3***
« Tu es vraiment saint... » .... *p. 218*

• *Prière eucharistique **4***
« Père très saint... » .... *p. 222*

Prière eucharistique n° 1

Père infiniment bon, toi vers qui montent nos louanges, nous te supplions par Jésus Christ, ton Fils, notre Seigneur, d'accepter et de bénir ✚ ces offrandes saintes.
Nous te les présentons avant tout pour ta sainte Église catholique : accorde-lui la paix et protège-la, daigne la rassembler dans l'unité et la gouverner par toute la terre ; nous les présentons en même temps pour ton serviteur le pape N., pour notre évêque N. et tous ceux qui veillent fidèlement sur la foi catholique reçue des Apôtres. Souviens-toi, Seigneur, de tes serviteurs (de N. et N.) et de tous ceux qui sont ici réunis, dont tu connais la foi et l'attachement.

(Silence)

Nous t'offrons pour eux, ou ils t'offrent pour eux-mêmes et tous les leurs ce sacrifice de louange, pour leur propre rédemption, pour le salut qu'ils espèrent ; et ils te rendent cet hommage, à toi, Dieu éternel, vivant et vrai.

Dans la communion de toute l'Église, nous voulons nommer en premier lieu la bienheureuse Marie toujours Vierge, Mère de notre Dieu et Seigneur, Jésus Christ ; •••

Le dimanche :

Dans la communion de toute l'Église, en ce premier jour de la semaine, nous célébrons le jour où le Christ est ressuscité d'entre les morts ; et nous voulons nommer en premier lieu la bienheureuse Marie toujours Vierge, Mère de notre Dieu et Seigneur, Jésus Christ ; •••

Pour la Nativité de la Vierge Marie :

Dans la communion de toute l'Église, nous célébrons le jour de la naissance de la Vierge Marie, que tu avais choisie depuis toujours pour être la mère du Sauveur, et nous voulons nommer en premier lieu cette Vierge bienheureuse, la Mère de notre Dieu et Seigneur, Jésus Christ ; •••

••• saint Joseph, son époux, les saints Apôtres et Martyrs Pierre et Paul, André, [Jacques et Jean, Thomas, Jacques et Philippe, Barthélemy et Matthieu, Simon et Jude, Lin, Clet, Clément, Sixte, Corneille et Cyprien, Laurent, Chrysogone, Jean et Paul, Côme et Damien,] et tous les saints. Accorde-nous, par leur prière et leurs mérites, d'être, toujours et partout, forts de ton secours et de ta protection.

Voici l'offrande que nous présentons devant toi, nous, tes serviteurs, et ta famille entière, dans ta bienveillance, accepte-la. Assure toi-même la paix de notre vie, arrache-nous à la damnation et reçois-nous parmi tes élus.

Sanctifie pleinement cette offrande par la puissance de ta bénédiction, rends-la parfaite et digne de toi : qu'elle devienne pour nous le corps et le sang de ton Fils bien-aimé, Jésus Christ, notre Seigneur.

La veille de sa passion, il prit le pain dans ses mains très saintes et, les yeux levés au ciel, vers toi, Dieu, son Père tout-puissant, en te rendant grâce il le bénit, le rompit, et le donna à ses disciples, en disant : « Prenez, et mangez-en tous : ceci est mon corps livré pour vous. » De même, à la fin du repas, il prit dans ses mains cette coupe incomparable ; et te rendant grâce à nouveau, il la bénit, et la donna à ses disciples en disant : « Prenez et buvez-en tous, car ceci est la coupe de mon sang, le sang de l'Alliance

Prière eucharistique nº 1

nouvelle et éternelle, qui sera versé pour vous et pour la multitude, en rémission des péchés. Vous ferez cela, en mémoire de moi. »

(1) Il est grand, le mystère de la foi :
Nous proclamons ta mort, Seigneur Jésus, nous célébrons ta résurrection, nous attendons ta venue dans la gloire.

(2) Quand nous mangeons ce pain et buvons à cette coupe, nous célébrons le mystère de la foi :
Nous rappelons ta mort, Seigneur ressuscité, et nous attendons que tu viennes.

(3) Proclamons le mystère de la foi :
Gloire à toi qui étais mort, gloire à toi qui es vivant, notre Sauveur et notre Dieu : Viens, Seigneur Jésus !

C'est pourquoi nous aussi, tes serviteurs, et ton peuple saint avec nous, faisant mémoire de la passion bienheureuse de ton Fils, Jésus Christ, notre Seigneur, de sa résurrection du séjour des morts et de sa glorieuse ascension dans le ciel, nous te présentons, Dieu de gloire et de majesté, cette offrande prélevée sur les biens que tu nous donnes, le sacrifice pur et saint, le sacrifice parfait, pain de la vie éternelle et coupe du salut. Et comme il t'a plu d'accueillir les présents d'Abel le Juste, le sacrifice de notre père Abraham, et celui que t'offrit Melchisédech, ton grand prêtre, en signe du sacrifice parfait, regarde cette offrande avec amour et, dans ta bienveillance, accepte-la.

Nous t'en supplions, Dieu tout-puissant : qu'elle soit portée par ton ange en présence de ta gloire, sur ton autel céleste, afin qu'en recevant ici, par notre communion à l'autel, le corps et le sang de ton Fils, nous soyons comblés de ta grâce et de tes bénédictions.

Souviens-toi de tes serviteurs (de N. et N.) qui nous ont précédés, marqués du signe de la foi, et qui dorment dans la paix… *(Silence)*

Pour eux et pour tous ceux qui reposent dans le Christ, nous implorons ta bonté : qu'ils entrent dans la joie, la paix et la lumière. Et nous, pécheurs, qui mettons notre espérance en ta miséricorde inépuisable, admets-nous dans la communauté des bienheureux Apôtres et Martyrs, de Jean Baptiste, Étienne, Matthias et Barnabé, [Ignace, Alexandre, Marcellin et Pierre, Félicité et Perpétue, Agathe, Lucie, Agnès, Cécile, Anastasie,] et de tous les saints. Accueille-nous dans leur compagnie, sans nous juger sur le mérite mais en accordant ton pardon, par Jésus Christ, notre Seigneur. C'est par lui que tu ne cesses de créer tous ces biens, que tu les bénis, leur donnes la vie, les sanctifies et nous en fais le don.

Par lui, avec lui et en lui, à toi, Dieu le Père tout-puissant, dans l'unité du Saint-Esprit, tout honneur et toute gloire, pour les siècles des siècles. — **Amen.** *(Communion : p. 225)*

Prière eucharistique nº 2

On peut aussi choisir une autre préface.

Vraiment, Père très saint, il est juste et bon de te rendre grâce, toujours et en tout lieu, par ton Fils bien-aimé, Jésus Christ : car il est ta Parole vivante, par qui tu as créé toutes choses ; c'est lui que tu nous as envoyé comme Rédempteur et Sauveur, Dieu fait homme, conçu de l'Esprit Saint, né de la Vierge Marie ; pour accomplir jusqu'au bout

Prière eucharistique nº 2

ta volonté et rassembler du milieu des hommes un peuple saint qui t'appartienne, il étendit les mains à l'heure de sa passion, afin que soit brisée la mort, et que la résurrection soit manifestée. C'est pourquoi, avec les anges et tous les saints, nous proclamons ta gloire, en chantant (disant) d'une seule voix :

Saint ! Saint ! Saint, le Seigneur,
Dieu de l'univers ! Le ciel et la terre
sont remplis de ta gloire.
Hosanna au plus haut des cieux.
Béni soit celui qui vient
au nom du Seigneur.
Hosanna au plus haut des cieux.

Toi qui es vraiment saint, toi qui es la source de toute sainteté, Seigneur, nous te prions : •••

Le dimanche :
Toi qui es vraiment saint, toi qui es la source de toute sainteté, nous voici rassemblés devant toi, et, dans la communion de toute l'Église, en ce premier jour de la semaine, nous célébrons le jour où le Christ est ressuscité d'entre les morts. Par lui que tu as élevé à ta droite, Dieu notre Père, nous te prions : •••

Pour la Nativité de la Vierge Marie :
Toi qui es vraiment saint, toi qui es la source de toute sainteté, nous voici rassemblés devant toi, et, dans la communion de toute l'Église, nous célébrons le jour de la naissance de la Vierge Marie, que tu avais choisie depuis toujours pour être la mère de notre Rédempteur et Sauveur, Jésus Christ. Par lui, Dieu notre Père, nous te prions : •••

••• Sanctifie ces offrandes en répandant sur elles ton Esprit ; qu'elles deviennent pour nous le corps ✝ et le sang de Jésus, le Christ, notre Seigneur. Au moment d'être livré et d'entrer librement dans sa passion, il prit le pain, il rendit grâce, il le rompit et le donna à ses disciples, en disant : « Prenez, et mangez-en tous : ceci est mon corps livré pour vous. » De même, à la fin du repas, il prit la coupe ; de nouveau il rendit grâce, et la donna à ses disciples, en disant : « Prenez, et buvez-en tous, car ceci est la coupe de mon sang, le sang de l'Alliance nouvelle et éternelle, qui sera versé pour vous et pour la multitude en rémission des péchés. Vous ferez cela, en mémoire de moi. »

(1) Il est grand, le mystère de la foi :
Nous proclamons ta mort, Seigneur Jésus, nous célébrons ta résurrection, nous attendons ta venue dans la gloire.

(2) Quand nous mangeons ce pain et buvons à cette coupe, nous célébrons le mystère de la foi :

Nous rappelons ta mort, Seigneur ressuscité, et nous attendons que tu viennes.

(3) Proclamons le mystère de la foi :
Gloire à toi qui étais mort, gloire à toi qui es vivant, notre Sauveur et notre Dieu : Viens, Seigneur Jésus !

Faisant ici mémoire de la mort et de la résurrection de ton Fils, nous t'offrons, Seigneur, le pain de la vie et la coupe du salut, et nous te rendons grâce, car tu nous as choisis pour servir en ta présence. Humblement, nous te demandons qu'en ayant part au corps et au sang du Christ, nous soyons rassemblés par l'Esprit Saint en un seul corps. Souviens-toi, Seigneur, de ton Église répandue à travers le monde : fais-la grandir dans ta charité avec le pape N., notre évêque N., et tous ceux qui ont la charge de ton peuple.

Prière eucharistique n° 3

Souviens-toi aussi de nos frères qui se sont endormis dans l'espérance de la résurrection, et de tous les hommes qui ont quitté cette vie : reçois-les dans ta lumière, auprès de toi. Sur nous tous enfin, nous implorons ta bonté : permets qu'avec la Vierge Marie, la bienheureuse Mère de Dieu, avec saint Joseph, son époux, avec les Apôtres et les saints de tous les temps qui ont vécu dans ton amitié, nous ayons part à la vie éternelle, et que nous chantions ta louange, par Jésus Christ, ton Fils bien-aimé.

Par lui, avec lui et en lui, à toi, Dieu le Père tout-puissant, dans l'unité du Saint-Esprit, tout honneur et toute gloire, pour les siècles des siècles. — *Amen.*

(Communion : p. 225)

Prière eucharistique n° 3

Tu es vraiment saint, Dieu de l'univers, et toute la création proclame ta louange, car c'est toi qui donnes la vie, c'est toi qui sanctifies toutes choses, par ton Fils, Jésus Christ, notre Seigneur, avec la puissance de l'Esprit Saint ; et tu ne cesses de rassembler ton peuple, afin qu'il te présente partout dans le monde une offrande pure.

C'est pourquoi nous te supplions de consacrer toi-même les offrandes que nous apportons : •••

Le dimanche :

C'est pourquoi nous voici rassemblés devant toi, et, dans la communion de toute l'Église, en ce premier jour de la semaine nous célébrons le jour où le Christ est ressuscité d'entre les morts. Par lui, que tu as élevé à ta droite, Dieu tout-puissant, nous te supplions de consacrer toi-même les offrandes que nous apportons : •••

Pour la Nativité de la Vierge Marie :

C'est pourquoi nous voici rassemblés devant toi, et, dans la communion de toute l'Église, nous célébrons le jour de la naissance de la Vierge Marie, que tu avais choisie depuis toujours pour être la mère de notre Rédempteur et Sauveur, Jésus Christ. Par lui, Dieu tout-puissant, nous te supplions de consacrer toi-même les offrandes que nous apportons •••

••• Sanctifie-les par ton Esprit, pour qu'elles deviennent le corps ✛ et le sang de ton Fils Jésus Christ, notre Seigneur, qui nous a dit de célébrer ce mystère. La nuit même où il fut livré, il prit le pain, en te rendant grâce il le bénit, il le rompit et le donna à ses disciples, en disant : « Prenez, et mangez-en tous : ceci est mon corps livré pour vous. »

De même, à la fin du repas, il prit la coupe, en te rendant grâce il la bénit, et la donna à ses disciples, en disant : « Prenez, et buvez-en tous, car ceci est la coupe de mon sang, le sang de l'Alliance nouvelle et éternelle, qui sera versé pour vous et pour la multitude en rémission des péchés. Vous ferez cela, en mémoire de moi. »

(1) Il est grand, le mystère de la foi :
Nous proclamons ta mort, Seigneur Jésus, nous célébrons ta résurrection, nous attendons ta venue dans la gloire.

(2) Quand nous mangeons ce pain et buvons à cette coupe, nous célébrons le mystère de la foi :
Nous rappelons ta mort, Seigneur ressuscité, et nous attendons que tu viennes.

Prière eucharistique nº 3

(3) Proclamons le mystère de la foi :
Gloire à toi qui étais mort,
gloire à toi qui es vivant, notre Sauveur
et notre Dieu : Viens, Seigneur Jésus !

En faisant mémoire de ton Fils, de sa passion qui nous sauve, de sa glorieuse résurrection et de son ascension dans le ciel, alors que nous attendons son dernier avènement, nous présentons cette offrande vivante et sainte pour te rendre grâce.
Regarde, Seigneur, le sacrifice de ton Église, et daigne y reconnaître celui de ton Fils qui nous a rétablis dans ton Alliance ; quand nous serons nourris de son corps et de son sang et remplis de l'Esprit Saint, accorde-nous d'être un seul corps et un seul esprit dans le Christ.

Que l'Esprit Saint fasse de nous une éternelle offrande à ta gloire, pour que nous obtenions un jour les biens du monde à venir, auprès de la Vierge Marie, la bienheureuse Mère de Dieu, avec saint Joseph, son époux, avec les Apôtres, les martyrs, [saint N.] et tous les saints, qui ne cessent d'intercéder pour nous.

Et maintenant, nous te supplions, Seigneur : par le sacrifice qui nous réconcilie avec toi, étends au monde entier le salut et la paix. Affermis la foi et la charité de ton Église au long de son chemin sur la terre : veille sur ton serviteur le pape N., et notre évêque N., l'ensemble des évêques, les prêtres, les diacres, et tout le peuple des rachetés. Écoute les prières de ta famille assemblée devant toi, et ramène à toi, Père très aimant, tous tes enfants dispersés.

Pour nos frères défunts, pour les hommes qui ont quitté ce monde, et dont tu connais la droiture, nous te prions : reçois-les dans ton Royaume,

Prière eucharistique nº 4

où nous espérons être comblés de ta gloire, tous ensemble et pour l'éternité, par le Christ, notre Seigneur, par qui tu donnes au monde toute grâce et tout bien.

Par lui, avec lui et en lui, à toi, Dieu le Père tout-puissant, dans l'unité du Saint-Esprit, tout honneur et toute gloire, pour les siècles des siècles.
— *Amen.*
(Communion : p. 225)

Prière eucharistique nº 4

Vraiment, il est bon de te rendre grâce, il est juste et bon de te glorifier, Père très saint, car tu es le seul Dieu, le Dieu vivant et vrai : tu étais avant tous les siècles, tu demeures éternellement, lumière au-delà de toute lumière. Toi, le Dieu de bonté, là la source de la vie, tu as fait le monde pour que toute créature soit comblée de tes bénédictions, et que beaucoup se réjouissent de ta lumière. Ainsi, les anges innombrables qui te servent jour et nuit se tiennent devant toi, et, contemplant la splendeur de ta face, n'interrompent jamais leur louange. Unis à leur hymne d'allégresse, avec la création tout entière qui t'acclame par nos voix, Dieu, nous te chantons :

Saint ! Saint ! Saint, le Seigneur,
Dieu de l'univers !
Le ciel et la terre
sont remplis de ta gloire.
Hosanna au plus haut des cieux.
Béni soit celui qui vient
au nom du Seigneur.
Hosanna au plus haut des cieux.

Prière eucharistique n° 4

Père très saint, nous proclamons que tu es grand et que tu as créé toutes choses avec sagesse et par amour : tu as fait l'homme à ton image, et tu lui as confié l'univers, afin qu'en te servant, toi son Créateur, il règne sur la création.

Comme il avait perdu ton amitié en se détournant de toi, tu ne l'as pas abandonné au pouvoir de la mort. Dans ta miséricorde, tu es venu en aide à tous les hommes pour qu'ils te cherchent et puissent te trouver.

Tu as multiplié les alliances avec eux, et tu les as formés, par les prophètes, dans l'espérance du salut. Tu as tellement aimé le monde, Père très saint, que tu nous as envoyé ton propre Fils, lorsque les temps furent accomplis, pour qu'il soit notre Sauveur. Conçu de l'Esprit Saint, né de la Vierge Marie, il a vécu notre condition d'homme en toute chose, excepté le péché, annonçant aux pauvres la bonne nouvelle du salut ; aux captifs, la délivrance ; aux affligés, la joie.

Pour accomplir le dessein de ton amour, il s'est livré lui-même à la mort, et, par sa résurrection, il a détruit la mort et renouvelé la vie. Afin que notre vie ne soit plus à nous-mêmes, mais à lui qui est mort et ressuscité pour nous, il a envoyé d'auprès de toi, comme premier don fait aux croyants, l'Esprit qui poursuit son œuvre dans le monde et achève toute sanctification.

Que ce même Esprit Saint, nous t'en prions, Seigneur, sanctifie ces offrandes : qu'elles deviennent ainsi le corps ✛ et le sang de ton Fils dans la célébration de ce grand mystère, que lui-même nous a laissé en signe de l'Alliance éternelle.

Quand l'heure fut venue où tu allais le

glorifier, comme il avait aimé les siens qui étaient dans le monde, il les aima jusqu'au bout : pendant le repas qu'il partageait avec eux, il prit le pain, il le bénit, le rompit et le donna à ses disciples, en disant :
« Prenez, et mangez-en tous : ceci est mon corps livré pour vous. »

De même, il prit la coupe remplie de vin, il rendit grâce et la donna à ses disciples, en disant :
« Prenez, et buvez-en tous, car ceci est la coupe de mon sang, le sang de l'Alliance nouvelle et éternelle, qui sera versé pour vous et pour la multitude, en rémission des péchés. Vous ferez cela, en mémoire de moi. »

(1) Il est grand, le mystère de la foi :
Nous proclamons ta mort, Seigneur
Jésus, nous célébrons ta résurrection,
nous attendons ta venue
dans la gloire.

(2) Quand nous mangeons ce pain et buvons à cette coupe, nous célébrons le mystère de la foi :
Nous rappelons ta mort,
Seigneur ressuscité,
et nous attendons que tu viennes.

(3) Proclamons le mystère de la foi :
Gloire à toi qui étais mort,
gloire à toi qui es vivant,
notre Sauveur et notre Dieu :
Viens, Seigneur Jésus !

Voilà pourquoi, Seigneur, nous célébrons aujourd'hui le mémorial de notre rédemption : en rappelant la mort de Jésus Christ et sa descente au séjour des morts, en proclamant sa résurrection et son ascension à ta droite dans le ciel, en attendant aussi qu'il vienne dans la gloire, nous t'offrons son corps et son sang, le sacrifice qui est digne de toi et qui sauve le monde.

Prière eucharistique nº 4

Regarde, Seigneur, cette offrande que tu as donnée toi-même à ton Église ; accorde à tous ceux qui vont partager ce pain et boire à cette coupe d'être rassemblés par l'Esprit Saint en un seul corps, pour qu'ils soient eux-mêmes dans le Christ une vivante offrande à la louange de ta gloire.

Et maintenant, Seigneur, rappelle-toi tous ceux pour qui nous offrons le sacrifice : le pape N., notre évêque N. et tous les évêques, les prêtres et ceux qui les assistent, les fidèles qui présentent cette offrande, les membres de notre assemblée, le peuple qui t'appartient et tous les hommes qui te cherchent avec droiture.

Souviens-toi aussi de nos frères qui sont morts dans la paix du Christ, et de tous les morts dont toi seul connais la foi. À nous qui sommes tes enfants, accorde, Père très bon, l'héritage de la vie éternelle auprès de la Vierge Marie, la bienheureuse Mère de Dieu, auprès de saint Joseph, son époux, auprès des Apôtres et de tous les saints, dans ton Royaume, où nous pourrons, avec la création tout entière enfin libérée du péché et de la mort, te glorifier par le Christ, notre Seigneur, par qui tu donnes au monde toute grâce et tout bien.

Par lui, avec lui et en lui, à toi, Dieu le Père tout-puissant, dans l'unité du Saint-Esprit, tout honneur et toute gloire, pour les siècles des siècles. — *Amen.*

(Communion : page ci-contre.)

COMMUNION

Notre Père

(1) Unis dans le même Esprit, nous pouvons dire avec confiance la prière que nous avons reçue du Sauveur :

(2) Comme nous l'avons appris du Sauveur et selon son commandement, nous osons dire :

> #### NOTRE PÈRE
> **Notre Père qui es aux cieux, que ton nom soit sanctifié, que ton règne vienne, que ta volonté soit faite sur la terre comme au ciel. Donne-nous aujourd'hui notre pain de ce jour. Pardonne-nous nos offenses, comme nous pardonnons aussi à ceux qui nous ont offensés. Et ne nous laisse pas entrer en tentation, mais délivre-nous du Mal.**

> #### PATER NOSTER
> *Pater Noster qui es in caelis, sanctificetur nomen tuum, adveniat regnum tuum, fiat voluntas tua sicut in caelo et in terra. Panem nostrum quotidianum da nobis hodie, et dimitte nobis debita nostra, sicut et nos dimittimus debitoribus nostris, et ne nos inducas in tentationem sed libera nos a malo.*

Délivre-nous de tout mal, Seigneur, et donne la paix à notre temps : par ta miséricorde, libère-nous du péché, rassure-nous devant les épreuves en cette vie où nous espérons le bonheur que tu promets et l'avènement de Jésus Christ, notre Sauveur. — *Car c'est à toi qu'appartiennent le règne, la puissance et la gloire pour les siècles des siècles !*

Échange de la paix

Seigneur Jésus Christ, tu as dit à tes Apôtres : « Je vous laisse la paix, je vous donne ma paix » : ne regarde pas nos péchés mais la foi de ton Église; pour que ta volonté s'accomplisse, donne-lui toujours cette paix, et conduis-la vers l'unité parfaite, toi qui règnes pour les siècles des siècles. — *Amen.*
Que la paix du Seigneur soit toujours avec vous. — *Et avec votre esprit.*
Frères et sœurs, dans la charité du Christ, donnez-vous la paix.

Fraction du pain

Agneau de Dieu

Agneau de Dieu, qui enlèves le péché du monde, prends pitié de nous. *(bis)*
Agneau de Dieu, qui enlèves le péché du monde, donne-nous la paix.

Agnus Dei

Agnus Dei qui tollis peccata mundi, miserere nobis. *(bis)*
Agnus Dei qui tollis peccata mundi, dona nobis pacem.

Communion

Le prêtre complète, à voix basse, sa préparation personnelle à la communion:

(1) *Seigneur Jésus Christ, Fils du Dieu vivant, selon la volonté du Père et avec la puissance du Saint-Esprit, tu as donné, par ta mort, la vie au monde ; que ton corps et ton sang me délivrent de mes péchés et de tout mal ; fais que je demeure fidèle à tes commandements et que jamais je ne sois séparé de toi.*

(2) *Seigneur Jésus Christ, que cette communion à ton corps et à ton sang n'entraîne pour moi ni jugement ni condamnation ; mais qu'elle soutienne mon esprit et mon corps et me donne la guérison.*

Montrant aux fidèles le pain eucharistique, le prêtre invite à la communion :

Heureux les invités au repas du Seigneur !
Voici l'Agneau de Dieu qui enlève le péché du monde.

**— Seigneur, je ne suis pas digne de te recevoir ;
mais dis seulement une parole et je serai guéri.**

Chant de communion *ou antienne de la communion.*

Prière après la communion *voir à la date du jour*

CONCLUSION DE LA CÉLÉBRATION

Le Seigneur soit avec vous. **— Et avec votre esprit.**
Que Dieu tout-puissant vous bénisse,
le Père, et le Fils ✚ et le Saint-Esprit. **— Amen.**

Le diacre ou le prêtre dit :
Allez, dans la paix du Christ. **— Nous rendons grâce à Dieu.**

Chants pour la célébration

	Ouverture	Renvoi	Communion / Action de grâce	Renvoi
5 sep.	Nous chanterons pour toi, Seigneur	p. 229	Je crie vers toi, sauve-moi	p. 232
	Que soit béni le nom de Dieu	p. 239	La Sagesse a dressé une table	D580
	Au cœur de ce monde	EA238-1	Prenez et mangez	D52-67
12 sep.	Christ hier, Christ aujourd'hui	M27-36	Devenez ce que vous recevez	p. 236
	Source de vie, Dieu de ma foi	ADF	Mon âme se repose	p. 235
	Qui donc est Dieu ?	p. 234	Tu es le Dieu fidèle	D163
19 sep.	Puisque Dieu nous a aimés	M168	Vous serez vraiment grands	p. 235
	Venez chantons notre Dieu	p. 231	Comme lui	Pontbriand
	Pour que l'homme soit un fils	G297-1	Père, Seigneur du ciel et de la terre	p. 238
26 sep.	Écoute la voix du Seigneur	X548	Prenons la main que Dieu nous tend	GR42-2
	Peuple d'un Dieu qui est justice	KP19-93-1	Les pauvres mangeront à la table du Seigneur	B512
	Chantez, priez, célébrez le Seigneur	p. 230	Souffle imprévisible	p. 240

Suggestions pour septembre 2021 proposées par le P. Th. Van Den Driessche, avec ☩Chantons en Église

Nous chanterons pour toi, Seigneur (Ouverture)

K38 ; T. : D. Hameline ; M. : Mélodie du XVIIe siècle ; Fleurus.

1. Nous chanterons pour toi, Seigneur, tu nous as fait revivre ;
   que ta parole dans nos cœurs à jamais nous délivre.

2. Nous contemplons dans l'univers, les traces de ta gloire,
   et nous avons vu tes hauts faits, éclairant notre histoire.

3. La terre tremble devant toi, les grandes eaux frémissent,
   le monde est l'œuvre de tes doigts, ciel et vents t'obéissent.

4. Nos pères nous ont raconté, ton œuvre au long des âges :
   tu viens encore nous visiter, et sauver ton ouvrage.

5. Car la merveille est sous nos yeux : aux chemins de la terre,
   nous avons vu les pas d'un Dieu, partageant nos misères.

6. Les mots de Dieu ont retenti, en nos langages d'hommes,
   et nos voix chantent Jésus Christ, par l'Esprit qu'il nous donne.

7. Tes bras, Seigneur, sont grands ouverts, pour accueillir les pauvres,
   car ton amour nous est offert, par ton Fils qui nous sauve.

8. Tu viens, Seigneur, pour rassembler, les hommes que tu aimes ;
   sur les chemins de l'unité, ton amour les ramène.

9. Des quatre points de l'horizon, les peuples sont en marche
   Pour prendre place en la maison, que, par nous, tu prépares.

Chantez, priez, célébrez le Seigneur (Ouverture)
A40-73; T. : H. Bourel; M. : L. Vym; ADF-Musique.

Refrain: **Chantez, priez, célébrez le Seigneur, Dieu nous accueille, peuples du monde. Chantez, priez, célébrez son nom, Dieu nous accueille dans sa maison.**

① **Il a fait le ciel et la terre,**
   éternel est son amour,
   façonné l'homme à son image,
   éternel est son amour.

② **Il sauva Noé du déluge,**
   éternel est son amour,
   l'arc-en-ciel en signe d'Alliance,
   éternel est son amour.

③ **D'Abraham, il fit un grand peuple,**
   éternel est son amour,
   par milliers fut sa descendance,
   éternel est son amour.

④ **Il perçut le cri de son peuple,**
   éternel est son amour,
   le guida en Terre promise,
   éternel est son amour.

⑤ **Aux exilés de Babylone,**
   éternel est son amour,
   il donna la foi qui libère,
   éternel est son amour.

⑥ **Il a parlé par les prophètes,**
   éternel est son amour,
   sa parole est une promesse,
   éternel est son amour.

⑦ **Il combla Marie de sa grâce,**
   éternel est son amour,
   il se fit chair parmi les hommes,
   éternel est son amour.

⑧ **Crucifié, c'est sa vie qu'il donne,**
   éternel est son amour,
   mais le Père le ressuscite,
   éternel est son amour.

Venez chantons notre Dieu *(Ouverture)*

Y565; T. et M. : Communauté de l'Emmanuel (G. Dadillon); Éd. de l'Emmanuel.

Refrain : **Venez chantons notre Dieu, lui le roi des cieux,
il est venu pour sauver l'humanité et nous redonner la vie.
Exulte pour ton roi Jérusalem, danse de joie.**

1. Il est venu pour nous sauver du péché,
   exulte Jérusalem, danse de joie.
   Oui par sa mort tous nous sommes libérés,
   exulte Jérusalem, danse de joie.

2. Oui tous ensemble rejetons notre péché,
   exulte Jérusalem, danse de joie.
   Dans sa bonté, tous nous sommes pardonnés,
   exulte Jérusalem, danse de joie.

3. Le Roi de gloire nous a donné le salut,
   exulte Jérusalem, danse de joie.
   Sa majesté, nous pouvons la contempler,
   exulte Jérusalem, danse de joie.

4. S'il est venu, ce n'est pas pour nous juger,
   exulte Jérusalem, danse de joie.
   Mais seulement pour que nous soyons sauvés,
   exulte Jérusalem, danse de joie.

CHANTS

Je crie vers toi, sauve-moi (Communion)

T. : d'après Ps 129 ; M. : Communauté de l'Emmanuel (D. Sheridan) ; Éd. de l'Emmanuel.

♩ = 126

Ré9 — **Fa#m7**

1. Du fond de la nuit, Dieu, vers toi je crie.
2. Sei - gneur, mon a - bri, et ma ci - ta - delle,

Sol9 — **Ré9/fa#**

Tu en - tends ma voix, car au - près de
ta grâce in - fi - nie, par - donne et re -

Mim7 — **La4** — **3**

toi sont mi - sé - ri - dorde et ra - chat.
lève. Sans toi, qui pour - rait sub - sis - ter ?

Ré9 — **Fa#m7**

Ô mon cré - a - teur, j'at - tends tout de toi.
Mon âme as - soif - fée, sou - pire a - près toi.

Sol9 — **Ré/fa#**

Plus que le veil - leur dé - si - re l'au -
Plus que le veil - leur dé - si - re l'au -

rore, mon âme es - père en ta pa - ro - le.
rore,   at - tends le   Sei - gneur, Is - ra - ël.

R. Je crie vers toi, sau - ve - moi, ô Sei-gneur,
R. final: *Mes yeux ont vu ton sa - lut, ta lu - mière.*

que mon chant s'é - lè - ve des pro - fon-deurs.
J'é - tais per - du et tu m'as re - trou - vé.

Bé - ni sois - tu pour ta fi - dé - li - té,
Mon cœur ex - ul - te, mon âme est en fête,

ô É - ter - nel, Dieu sau-veur, Em - ma - nu - el.

Qui donc est Dieu ? *(Ouverture)*

MP82-2 ; T. : J.-P. Servel ; M. : C. Rozier/M. Wackenheim ; Mame Le C.

Refrain : **Qui donc est Dieu pour nous aimer ainsi ?**

Qui donc est Dieu pour nous aimer ainsi, fils de la terre ?

Qui donc est Dieu, si démuni si grand si vulnérable ?

Qui donc est Dieu pour se lier d'amour à part égale ?

Qui donc est Dieu, s'il faut pour le trouver un cœur de pauvre ?

Qui donc est Dieu, s'il vient à nos côtés prendre nos routes ?

Qui donc est Dieu, qui vient sans perdre cœur à notre table ?

Qui donc est Dieu, que nul ne peut aimer s'il n'aime l'homme ?

Qui donc est Dieu, qu'on peut si fort blesser en blessant l'homme ?

Qui donc est Dieu pour se livrer perdant aux mains de l'homme ?

Qui donc est Dieu, qui pleure notre mal comme une mère ?

Qui donc est Dieu, qui tire de sa mort notre naissance ?

Qui donc est Dieu pour nous ouvrir sa joie et son royaume ?

Mon âme se repose *(Action de grâce)*

T. : Ateliers et presse de Taizé ; M. : J. Berthier ; Taizé.

Mon âme se repose en paix sur Dieu seul : de lui vient mon salut.
Oui, sur Dieu seul mon âme se repose, se repose en paix.

Mon âme se repose en paix sur Dieu seul : de lui vient mon salut.
Oui, sur Dieu seul mon âme se repose, se repose en paix.

Mon âme se repose en paix sur Dieu seul : de lui vient mon salut.
Oui, sur Dieu seul mon âme se repose, se repose en paix.

Vous serez vraiment grands *(Action de grâce)*

DEV525 ; T. : P. Marie-Joseph (Aloyse Gerber) ; M. : J.-B. du Jonchay ; Le Carmel.

Vous se-rez vrai-ment grands dans la me-sure où vous ê-tes pe-tits, vous se-rez a-lors grands dans l'A-mour, vous se-rez a-lors grands dans l'A-mour. Vous se-rez vrai-ment mour.

Devenez ce que vous recevez *(Communion)*

D68-39 ; T. : J.-L. Fradon ; M. : B. Ben ; Éd. de l'Emmanuel.

R. Devenez ce que vous recevez, devenez le Corps du Christ. Devenez ce que vous recevez, vous êtes le Corps du Christ.

1. Baptisés en un seul Esprit, nous ne formons tous qu'un seul corps ; abreuvés de l'unique Esprit, nous n'avons qu'un seul Dieu et Père.

Refrain : **Devenez ce que vous recevez, devenez le corps du Christ.
Devenez ce que vous recevez, vous êtes le corps du Christ.**

2. **Rassasiés par le pain de vie,
nous n'avons qu'un cœur et qu'une âme ;
fortifiés par l'amour du Christ,
nous pouvons aimer comme il aime.**

3. **Purifiés par le sang du Christ
et réconciliés avec Dieu,
sanctifiés par la vie du Christ,
nous goûtons la joie du Royaume.**

4. **Rassemblés à la même table,
nous formons un peuple nouveau :
bienheureux sont les invités
au festin des noces éternelles.**

5. **Appelés par Dieu notre Père
à devenir saints comme lui,
nous avons revêtu le Christ,
nous portons la robe nuptiale.**

6. **Envoyés par l'Esprit de Dieu
et comblés de dons spirituels,
nous marchons dans l'amour du Christ,
annonçant la Bonne Nouvelle.**

7. **Rendons gloire à Dieu notre Père
par Jésus son Fils bien-aimé,
dans l'Esprit, notre communion
qui fait toutes choses nouvelles.**

CHANTS

Père, Seigneur du ciel et de la terre (Action de grâce)

Y568 ; T. : G. du Boullay ; M. : A. Langree ; Éd. de l'Emmanuel.

R. Père, Seigneur du ciel et de la terre,
Père, je pro-cla-me ta lou-an-ge.

1. Ce que tu as ca-ché aux sa-ges
et aux sa-vants, Père
tu l'as ré-vé-lé aux tout pe-tits selon ton plai-sir.

② Oui, bienheureux les yeux qui voient ce que vous voyez,
   bien des rois et des prophètes auraient voulu voir ce que vous voyez.

③ Venez à moi vous qui ployez sous le fardeau,
   et je vous soulagerai car je suis doux et humble de cœur.

Que soit béni le nom de Dieu

Y245 ; T. : B. Ducatel ; M. : B. Mélois (Chants notés, t. 6) ; Éd. de l'Emmanuel.

Refrain : **Que soit béni le nom de Dieu,**
            de siècles en siècles, qu'il soit béni. *(bis)*

① À lui la sagesse et la force,
   toutes ses voies sont droites,
   il porte juste sentence
   en toutes choses.

② À lui le secret des abîmes,
   il connaît les ténèbres,
   et la lumière réside auprès de lui.

③ À lui la gloire et la louange,
   il répond aux prières,
   il donne l'intelligence et la sagesse.

④ Rendons gloire à Dieu notre Père,
   à son Fils Jésus Christ,
   gloire à l'Esprit d'amour
   dans tous les siècles.

CHANTS

Souffle imprévisible (Ouverture / Envoi)
K28-44; T. : C. Bernard; M. : J. Akepsimas; Studio SM.

1. **Souffle imprévisible, Esprit de Dieu, vent qui fait revivre, Esprit de Dieu, souffle de tempête, Esprit de Dieu, ouvre nos fenêtres, Esprit de Dieu !**

Refrain : **Esprit de vérité, brise du Seigneur,
Esprit de liberté, passe dans nos cœurs !** *(bis)*

2. **Flamme sur le monde, Esprit de Dieu, feu qui chasse l'ombre, Esprit de Dieu, flamme de lumière, Esprit de Dieu, viens dans nos ténèbres, Esprit de Dieu !**

3. **Fleuve des eaux vives, Esprit de Dieu, chant de l'autre rive, Esprit de Dieu, fleuve au long voyage, Esprit de Dieu, porte-nous au large, Esprit de Dieu !**

4. **Voix qui nous rassemble, Esprit de Dieu, cri d'une espérance, Esprit de Dieu, voix qui nous réveille, Esprit de Dieu, clame la nouvelle, Esprit de Dieu !**

5. **Source de sagesse, Esprit de Dieu, puits de la tendresse, Esprit de Dieu, source pour ton peuple, Esprit de Dieu, coule en nos demeures, Esprit de Dieu !**

6. **Paix de la colombe, Esprit de Dieu, ciel dans nos rencontres, Esprit de Dieu, paix qui nous libère, Esprit de Dieu, change notre terre, Esprit de Dieu !**

7. **Joie donnée aux hommes, Esprit de Dieu, fête du Royaume, Esprit de Dieu, joie de l'Évangile, Esprit de Dieu, fais de nous des signes, Esprit de Dieu !**

8. **Vent de Pentecôte, Esprit de Dieu, force des Apôtres, Esprit de Dieu, vent que rien n'arrête, Esprit de Dieu, parle en tes prophètes, Esprit de Dieu !**

Le Missel des 15-25 ans
pour l'année 2022

Cléophas
Missel 2022

9,€50

bayard

Format : 12x18 cm

POUR CHAQUE DIMANCHE ET FÊTE :

L'intégralité des *lectures de la messe.*

La rubrique *"Vibration"* propose questions et pistes d'action pour vivre l'Évangile.

La rubrique *"Inspiration"* aide à méditer le texte.

L'expertise conjuguée des Scouts et Guides de France et de *Prions en Église* offre un outil original, dynamique et très utile pour les jeunes. **Plus de 50 auteurs** (évêques, prêtres, religieux, laïcs, jeunes...) ont participé à cette nouvelle édition.

† PrionsenÉglise SCOUTS GUIDES DE FRANCE

Article	Réf.	Qté.	Prix unitaire	Prix total
Cleophas Missel 2022	**FKL1293**		**9,50€**	€
FRAIS DE PORT : **5,90€ si ma commande est inférieure ou égale à 49€** **1€ si ma commande est supérieure à 49€**				€
Montant total à payer				€

☐ M. ☐ Mme _____ **B172421**
Prénom

Nom
_____

Complément d'adresse (résidence, escalier, bâtiment)
_____

Numéro de voie**   Rue/Av./Bd./Imp./Ch.**
_____

Lieu-dit _____   BP _____   Code postal _____

Ville
_____

Téléphone _____   Date de naissance _____   E-mail* : _____

* Précisez votre adresse e-mail afin que nous puissions, conformément à la loi, vous adresser votre récapitulatif de commande et vous faire parvenir les codes pour télécharger les produits numériques.** Indiquez précisément le n° de voie et le libellé de voie pour une meilleure garantie de l'acheminement de votre abonnement.

Je règle par : ☐ Chèque libellé à l'ordre de Bayard ☐ CB/Visa, Eurocard/Master Card
_____

Notez les 3 derniers chiffres figurant au dos de votre carte _____   Date d'expiration : _____

Date et signature obligatoires :

Offre valable en France métropolitaine dans la limite des stocks disponibles jusqu'au 31/08/2022. Vous disposez d'un délai de 14 jours à compter de la réception de vos produits pour exercer votre droit de rétractation auprès de Bayard Presse. Photos non contractuelles. Ces informations sont destinées au groupe Bayard, auquel Bayard Presse appartient. Elles sont enregistrées dans notre fichier à des fins de traitement de votre commande. Conformément à la loi « Informatique et Libertés » du 6/01/1978 modifiée et au RGPD du 27/04/2016, elles peuvent donner lieu à l'exercice du droit d'accès, de rectification, d'effacement, d'opposition, à la portabilité des données et à la limitation des traitements ainsi qu'au sort des données après la mort à l'adresse suivante, en joignant une photocopie de votre pièce d'identité : Bayard (CNIL), TSA 10065, 59714 Lille Cedex 9. Pour plus d'informations, nous vous renvoyons aux dispositions de notre Politique de confidentialité sur le site groupebayard.com. Vos données postales sont susceptibles d'être transmises à nos partenaires commerciaux, si vous ne le souhaitez pas cochez cette case ☐. Nous vous informons de l'existence de la liste d'opposition au démarchage téléphonique « Bloctel », sur laquelle vous pouvez vous inscrire ici : https://conso.bloctel.fr

En vente en librairie ou sur librairie-bayard.com/cleophas2022
Par téléphone au 01 74 31 15 09 (Appel non surtaxé)

Inspirations bibliques
Père Jacques Nieuviarts *p. 244*

Trésors de la liturgie
Sœur Emmanuelle Billoteau
p. 249

Question de Dieu
Sœur Anne Lécu
p. 246

Sagesses du désert
Jean-Guilhem Xerri
p. 252

Photos : 1 : P-E. Charon. 2 : F. Brochoire/Signatures. 3 : DR. 4 : CIRIC.

Père Jacques Nieuviarts, assomptionniste
auteur de *La Bible nomade*, Bayard, 2018

« Vous aussi, allez à ma vigne ! »

Dans la Bible, les métaphores autour des activités agricoles nourrissent l'appel à faire advenir de nos mains le royaume de Dieu.

Souvent mentionnés dans la Bible, les travaux agricoles donnèrent donnèrent lieu en Israël à de nombreuses métaphores parlant de Dieu. Un très ancien calendrier agricole gravé en écriture cunéiforme sur une tablette en calcaire, la « tablette de Gézer » (Xe siècle av. J. C.), montre que ces travaux couvraient l'ensemble de l'année. C'étaient d'abord les labours, à la fin de l'automne ou en hiver, suivis des premières semailles, puis celles plus tardives à la fin de l'hiver. Venaient ensuite le temps des récoltes, du lin d'abord, puis de l'orge et enfin du blé et de l'épeautre. À la fin du mois de juin, c'était la vendange et la récolte des fruits d'été, en particulier des figues. Au début de l'automne, celle des olives. Mais, à coup sûr, la vendange était l'un des temps forts de l'activité agricole, de la fin du mois de juin à celle du mois d'août, après la moisson et le battage. C'était un temps de réjouissances, comme on le perçoit bien à la lecture du Cantique des cantiques, ou comme on le pressent, d'une autre façon, dans le livre d'Isaïe (Is 5). Mais l'on devait se souvenir du précepte répété de mille façons dans la Bible (également pour le blé, l'orge, les olives…) : « Lorsque tu vendangeras ta vigne, tu ne retourneras pas grappiller ce qui reste. Laisse-le pour l'immigré, l'orphelin et la veuve. Souviens-toi que tu as été esclave au pays d'Égypte. » (Dt 24, 21-22). Le pauvre doit avoir sa part sur la terre de Dieu. Plus d'une page des évangiles s'éclairent aussi au regard de ce que représentaient les moissons et les vendanges. Celles-ci nécessitaient beaucoup de main-d'œuvre et le vendangeur, comme le moissonneur, étaient souvent des ouvriers journaliers, travailleurs précaires que Jésus

Retiendrons-nous que le Seigneur appelle les ouvriers à ses vendanges et moissons ?

dut voir souvent, au point d'en faire le cœur d'une parabole qui parle d'une autre vendange, celle du Royaume (Mt 20, 1-16). Dès les prophètes, la moisson était devenue aussi une métaphore du Jugement (Os 6, 11), ce temps où l'ivraie sera arrachée et jetée au feu (Mt 13, 24-30) et cette vision devient grandiose dans l'Apocalypse (Ap 14, 18). La parabole des vignerons homicides montre la gravité de ce moment pour Jésus. Il y annonce de façon à peine voilée sa Passion.

Retiendrons-nous, en ce début d'année, que le Seigneur appelle les ouvriers à ses vendanges et moissons ? Non pour de petites tâches, mais pour hâter, ensemble, la venue de son Royaume (Mt 21, 33-43). Nos travaux, même modestes, et nos engagements, préparent la venue de Dieu. ■

« Qui a donné une bouche à l'homme ? »

Le livre de l'Exode nous interroge, à travers Moïse, sur l'utilité de parler. L'homme pourrait-il dialoguer sans crainte avec Dieu ?

Moïse a beaucoup de talents, et la Bible nous dit volontiers que c'était l'homme « le plus humble que la terre ait porté » (Nb 12, 3), mais une chose est sûre, il n'était pas doué pour la parole. Au début de sa vie d'adulte, fils d'Hébreu élevé par les Égyptiens, il voit un Égyptien frapper des Hébreux. Moïse le frappe à mort et l'enterre en douce, persuadé que personne ne l'a vu. Mais, manque de chance, la rumeur se répand, Pharaon menace de le tuer et il doit quitter l'Égypte pour se rendre en terre étrangère, à Madian. C'est là qu'il rencontrera sa future épouse. Il devient tout naturellement berger des troupeaux de son beau-père Jethro. Alors qu'il les emmène loin dans le désert, du côté de l'Horeb, le voilà qui tombe sur ce mystérieux buisson « qui brûle sans se consumer » (Ex 3, 2). Moïse n'est pas doué pour la parole mais il est attentif et curieux et entreprend de faire un détour pour voir de plus près le buisson. Les détours de nos existences, fortuits et parfois éprouvants, peuvent nous fournir l'occasion de rencontres imprévues, dans lesquelles discrètement, un visage de Dieu s'annonce. Et si Moïse n'est pas loquace, il n'est pas sourd. Il entend ce Dieu qui lui parle. Il entend, il lui répond, et voilà cet improbable dialogue, bouleversant, dans lequel la première parole de Dieu à Moïse est pour lui annoncer qu'il « a vu la misère de son peuple et entendu ses cris ». Voilà notre Dieu. Sa première parole pour nous est cette assurance. Il sait la misère de l'homme et sa grandeur. Et Dieu va révéler à Moïse qu'il va libérer ...

Moïse et le buisson ardent, Dirk Bouts, vers 1465, Philadelphia Museum of Art, Philadelphie (États-Unis).

Ancienne Alliance

« Le Seigneur lui dit : "Qui donc a donné une bouche à l'homme ? Qui rend muet ou sourd, voyant ou aveugle ? N'est-ce pas moi, le Seigneur ?" »

Exode 4, 11

... son peuple de l'esclavage d'Égypte et qu'il faut, pour commencer, aller en convaincre les Hébreux. Moïse n'est pas du tout enthousiasmé par l'idée. Alors, il tergiverse. « Moi, tu es sûr ? Mais j'en suis incapable. – Je serai avec toi. – Et je leur dis quoi aux Hébreux, comment je te présente ? – Tu leur dis que je suis le Dieu de leurs pères. – Non, mais ils ne vont jamais me croire. – Je te dis que si. » Et le Seigneur fait une petite démonstration avec le bâton de Moïse qui se transforme en serpent puis à nouveau en bâton. Pas du tout impressionné, Moïse reprend : « Écoute Seigneur, en vrai, je ne sais pas parler, donc, si tu pouvais envoyer quelqu'un d'autre, ce serait sans doute une bien meilleure idée » (cf. Ex 3, 1 – 4, 17). Alors, Dieu s'agace un petit peu et explique à Moïse (et à chacun de nous) que si nous avons une bouche, c'est sans doute qu'il nous a donné la grâce de nous en servir le moment venu. Sans crainte de parler si nous lui demandons son aide. Avec Dieu, Moïse va apprendre à parler. ■

Nouvelle Alliance

« Jésus emmena le sourd à l'écart, loin de la foule, lui mit les doigts dans les oreilles, et, avec sa salive, lui toucha la langue. […] Ses oreilles s'ouvrirent ; sa langue se délia, et il parlait correctement. »

Marc 7, 33-35

Vivre l'action de grâce

À travers la prière des Heures et l'eucharistie notamment, la liturgie nous conduit à une attitude spirituelle : la gratitude, qui sollicite notre capacité à recevoir et notre volonté de sortir de ce qui nous rive à la mort. Nous sommes appelés à devenir « eucharistiques ».

La gratitude suppose de se laisser toucher par ce qui nous advient : il y a le don certes, mais plus encore le donateur. Et si cette attitude s'apparente à la « confusion » ou à l'émerveillement qui naît de la conscience d'être aimé gratuitement, elle très argumentée tant dans le psautier que dans la prière eucharistique.

La liturgie des Heures est composée en majeure partie de psaumes qui déclinent tous les sentiments, tous les affects présents dans le cœur humain, qu'ils relèvent du don de l'Esprit – comme la joie, la bienveillance – ou non – comme la colère, la révolte, le trouble. Les psaumes d'action de grâce ne constituent qu'une partie du psautier à côté des psaumes de supplication, de louange et de leurs dérivés. Ils se distinguent par un « récit » à l'intérieur du psaume. Le psalmiste ...

... expose pour quelles raisons il remercie Dieu : il était au comble de l'angoisse, dans une situation sans issue, il a crié vers le Seigneur qui l'a mis au large : « Rendez grâce au Seigneur car il est bon [...]. Dans ma détresse j'ai crié vers le Seigneur, et lui m'a exaucé, mis au large » (Ps 117, 1. 119, 1). Ces psaumes nous rappellent que nous pouvons crier, un réflexe que nous n'avons pas forcément, et qu'une fois entendus, nous pouvons remercier. Ce qui suppose de reconnaître tout à la fois notre faiblesse et l'amour de Dieu ; ce qui nous met aussi sur la voie de la vie trinitaire où le Fils se reçoit du Père dans un échange d'amour qui est gratitude. Chanter ces psaumes que nous pouvons identifier grâce aux introductions de nos bibles, nous façonne peu à peu un cœur reconnaissant et conscient que rien ne lui est dû. Notons encore que le psalmiste discerne la réponse de Dieu dans un « élargissement », une joie qui signe le passage divin, plus que dans le changement concret de la situation extérieure.

L'eucharistie, une reconnaissance

L'eucharistie, « le sacrement de l'amour » (titre de l'exhortation apostolique publiée par Benoît XVI en 2007), nous façonne dans le même sens de la reconnaissance du don de Dieu en Jésus Christ. À titre d'exemple, la prière eucharistique n° II, inspirée de saint Hippolyte de Rome, concentre un nombre impressionnant d'occurrences relatives à l'action de grâce. On peut citer celle à laquelle est invitée l'assemblée – « Rendons grâce au Seigneur notre Dieu » – ; celle de Jésus lors de la dernière Cène dans le récit de l'institution eucharistique : « [le Christ] prit le pain, il rendit grâce. […] Il prit la coupe ; de nouveau, il rendit grâce. » Dans les récits évangéliques, les verbes grecs utilisés sont respectivement « eucharistein » (« rendre grâce », « remercier ») et « eulogein » (« faire l'éloge », « dire du bien », « bénir »). Remercier implique d'avoir accueilli le don du Père et de l'avoir reconnu comme tel. Dans le contexte de la Cène, il est question du « pain » et du « vin », ce pain et ce vin auquel Jésus s'identifie : « ceci est mon corps […], ceci est mon sang. » L'action de grâce du Christ va de pair avec le don qu'il fait de sa vie, librement et par amour. Autant dire

L'action de grâce est appelée à s'étendre « toujours et en tout lieu », renvoyant les fidèles à un au-delà de la liturgie.

qu'une « spiritualité eucharistique » embrasse la totalité de l'existence. Il suffit de relire le début de la prière eucharistique : l'action de grâce est appelée à s'étendre « toujours et en tout lieu », renvoyant les fidèles à un au-delà de la liturgie. Une action de grâce qui repose sur l'histoire du salut dont le point culminant est le consentement du Christ à remplir la mission que lui a confiée le Père pour que soit « brisée la mort et que la résurrection soit manifestée », c'est-à-dire pour qu'éclate la victoire de l'amour. À chacun donc de poursuivre et d'être attentif aux raisons de rendre grâce dans sa propre existence, envisagée à la lumière de l'Écriture lue, ruminée, méditée. ■

Vers une sexualité ajustée

**Les Pères du désert témoignent du combat contre leurs avidités sexuelles.
La chasteté du corps et du cœur en est un puissant remède.**

« Abba, que faire, car mon esprit est toujours tourné vers le sexe, à m'en rendre malade ? » demanda un disciple à un Père du désert. Le nombre important d'apophtegmes se rapportant au combat que les Pères menaient contre leurs avidités sexuelles témoigne de la place qu'elles tenaient dans leur vie, au point qu'ils considéraient qu'un certain rapport à la sexualité peut correspondre à une maladie d'origine spirituelle. « Parmi les nombreuses avidités du cœur humain, il n'en est aucune qui ait une force comparable à celle de la volupté », constate Grégoire de Nysse, un Père de l'Église du IVe siècle.

Dans la Tradition chrétienne, ce n'est pas la sexualité en tant que telle qui est en cause, mais qu'elle soit mûe par un caractère strictement pulsionnel. Dans cette Tradition, la sexualité est un appel à aimer davantage en sagesse et en vérité et à ne pas se rendre esclave de la chair et du sang. Les Pères attirent notre attention sur un détournement inadapté de la sexualité. En effet, celle-ci a pour finalité la rencontre d'une personne – génitalement ou pas – pour elle-même et pas seulement pour le plaisir qu'elle peut nous donner. Ils affirment même que nos « âmes peuvent être à la remorque du corps » ! Et alors, ils décrivent des sentiments de dispersion et de tristesse, en quête permanente de ce qui va satisfaire en profondeur. Ce qui altère notre relation à l'autre peut provenir de stimulations sensorielles et aussi de notre imagination et notre mémoire. Les Pères soulignent tout particulièrement le rôle de la vue, mettant en écho les yeux du corps et ceux de l'âme. L'invitation est de vivre la relation de la façon la plus ajustée possible, l'exercice de la chasteté y aidant. Pour cela, les Pères nous ouvrent en particulier deux voies complémentaires, la garde du regard et la conversion. La première s'adresse au corps et cherche, comme le dit Cassien, à soustraire à notre regard les images de nature à nous polluer. La

© Gaëtan Évrard

« Vivre la relation de la façon la plus ajustée possible. »

seconde concerne notre cœur et nous fait remettre Dieu à la première place de notre désir : « Heureux celui qui n'a pas un amour moins violent pour Dieu que celui de l'amoureux pour sa bien-aimée », affirme Climaque, moine syrien du VIIe siècle, dans son traité *L'Échelle sainte*. ■

Qui étaient les Pères du désert ?

Des hommes et des femmes, pionniers de la vie monastique. Ils s'installent à partir du IVe siècle dans les déserts d'Égypte et de Syrie pour vivre leur foi en petites communautés ou en solitaires. On appelle « apophtegmes » leurs conseils.

Connecté à l'Église tout entière

Jérôme Maillet, 60 ans, marié et père de deux enfants, est paroissien de l'église Saint-Georges de Sarre-Union (67). Il explique comment il prie tous les matins à l'aube, en commençant par méditer le signe de croix.

« **P**rier est une respiration importante dans mon quotidien. Je commence dès 5 h 30 pour placer Dieu en premier. Je m'asseois en tailleur dans notre coin prière devant l'icône de la Résurrection, la Bible à portée de main. Dans le calme, je fais un signe de croix médité que m'a appris le père John, un prêtre d'origine nigériane : "Merci à toi, notre Père qui nous a créés, toi qui es lent à la colère et plein d'amour. Merci à toi

Jésus qui nous a montré ton amour jusqu'au don total. Merci à toi Esprit Saint pour ton soutien tout au long de la journée. Merci à toi Sainte Trinité."

Ce signe de croix médité me rappelle, au jour le jour, que je ne suis jamais seul malgré les difficultés qui ne manquent pas sur mon chemin. Puis, je remercie Marie, notre Mère, pour son aide envers des personnes souffrantes et je la prie en chantant *Ave Maria*. Je lui demande de m'aider

© Sandrine Martin

à suivre les pas de Jésus sur la voie de la douceur et de l'humilité.

Je m'empare ensuite de la revue *Prions en Église* pour une lecture lente et attentive du psaume du jour. Avec leurs phrases courtes et directes, les psaumes me parlent facilement. Ils me font intérioriser un état d'esprit : demande de pardon, joie de croire en Dieu, soutien et compassion envers ceux qui sont dans la souffrance. Les commentaires des différents auteurs (biblistes, prêtres, personnes consacrées) m'éclairent et me font prendre conscience que mes erreurs ne sont pas si éloignées de celles des personnages de la Bible qui, au bout, obtiennent le pardon de Dieu.

Après avoir remercié le Seigneur pour son action passée, présente et future, pleine de surprises et d'humour, je dis très lentement le Notre Père. De cette façon, je me connecte à notre Créateur et à l'Église tout entière. Je me sens plus apte à agir et réagir en chrétien. » ▪

Qu'est-ce que l'écologie intégrale ?

QUESTION DU MOIS

À la suite de ses prédécesseurs et en référence à saint François d'Assise, le pape François a lancé un vibrant appel à une « écologie intégrale » dans son encyclique *Laudato Si'* (24 mai 2015). S'adressant à toutes les personnes de bonne volonté, cette page du magistère social de l'Église invite à « sauvegarder notre maison commune », à écouter le cri de la Terre et celui des pauvres. Puisque « tout est intimement lié » (§ 137), il nous faut prendre en compte les dimensions humaines et sociales du développement, rechercher ensemble le bien commun. Au mois de mai dernier, au terme de l'Année *Laudato Si'*, célébrant les cinq ans de l'encyclique, le Saint-Père a inauguré une plateforme d'action (www.laudatosi.va). Il y déroule une feuille de route pour les sept années à venir, correspondant aux sept objectifs de *Laudato Si'* et à vivre avec différents partenaires (familles, paroisses, écoles, hôpitaux, etc). Appelant au dialogue et à la conversion (§ 14) et actualisé en raison de la récente pandémie, ce travail « pour une écologie humaine intégrale » est ainsi relancé. Nous devons absolument transformer « notre façon d'habiter le monde, nos styles de vie, notre relation avec les ressources de la terre et, en général, notre manière de regarder l'homme et de vivre notre vie », personnellement et collectivement. ■

Michèle Clavier, *théologienne*

PÂQUES EN TERRE SAINTE

Dans les pas du Christ

Quoi de plus profond pour un chrétien que de mettre ses pas dans ceux du Christ, de la Sainte Famille, des apôtres et des disciples qui sont partis évangéliser le monde ? Pendant la Semaine sainte, nous revivrons, à l'aide des Écritures et des célébrations, le cœur de notre foi et notre appartenance au Christ ressuscité. Notre parcours suivra des étapes bien connues des évangiles. Nous nous souviendrons que la terre, pas seulement un territoire, appartient à Dieu. Elle nous est donnée pour qu'il y règne la justice et le droit. Nous rencontrerons les amis de Dieu des trois religions monothéistes qui croient encore que la paix est possible. Allons à la rencontre ! ◼

Père Gica Paulet, *assomptionniste*

© AdobeStock

PRATIQUE Du 9 au 18 avril 2022. Une sélection "Prions en Église" organisée par Bipel. Informations et la réservations : contact Catherine Simon Père 01 45 55 47 52 ou bipel.paris@bipel.com

BIPEL

Aurore Tracol, volontaire DCC et assistante scolaire en Côte d'Ivoire

L'essentiel est universel

« **M**es pieds se sont posés sur le sol ivoirien il y a à peine quelques mois. Très vite, tout m'est apparu comme nouveau : le climat, les visages… Rien ne m'était familier, tout était à découvrir, à redécouvrir, à commencer par la vie en Église. Tout ? enfin presque…

Je me souviens de cette première eucharistie, un matin à Tiassalé, lors d'une messe de semaine. J'étais encore sans repères, bien ballottée par les nouveautés. À la communion, quand je me suis retrouvée face à l'hostie, là, enfin, je comprenais que les racines n'étaient pas coupées. L'Église universelle avait bien son sens à cet instant. J'étais au milieu de mes frères et sœurs en Christ, aussi inconnus soient-ils.

Mais j'ai parfois de vraies difficultés à vivre en cette Église… J'aime les temps de recueillements avec des chants calmes, bien différents des musiques où l'on tape des mains en chantant très fort qui peuvent me fatiguer. L'Église ardéchoise me manque, souvent. Alors, je me souviens de ce moment où je suis arrivée, face à cette hostie. Qu'importe le reste. L'essentiel est là. » ■

DCC/Aurore Tracol

**Ci-contre : Aurore (à droite), en mission à Tiassale, à 120 km d'Abidjan (Côte d'Ivoire).
Ci-dessus : préparation de la messe avec les musiciens.**

Père Jean-Paul **Musangania**, assomptionniste

À la rencontre des migrants

En écho au message du pape pour la Journée mondiale du migrant et du réfugié, le dimanche 26, « Vers un nous toujours plus grand », des paroissiens du diocèse de Toulouse (31) écoutent les migrants réfugiés dans les squats et les sensibilisent à l'interculturalité.

Les migrants qui arrivent en France se retrouvent souvent en décalage avec la culture européenne, décalage accru pendant la crise sanitaire. Pour Jacques Kampetenga, accompagnateur au service de la pastorale des migrants du diocèse de Toulouse, « le confinement du printemps 2020 a développé une détresse psychologique et des préjugés entre les migrants et avec la population locale ». Pour répondre à ces enjeux, le service de la pastorale des migrants du diocèse de Toulouse a mis en place une proposition originale : sensibiliser les migrants à la médiation interculturelle. Une douzaine de membres du service diocésain se rendent régulièrement dans les rues de Toulouse pour les éveiller à la culture de la rencontre. « Nous rejoignons des centaines de migrants dans les squats du centre-ville », indique Gilles Enot, responsable de la pastorale des migrants. « Nous leur assurons une formation sur la communication bienveillante, quelle que soit la religion ou l'origine d'appartenance de l'interlocuteur, poursuit-il. Nous nous appuyons sur les enseignements du pape François et des orientations de la commission européenne sur la migration. » Jacques Kampetenga prolonge : « Nous avons également intensifié l'accompagnement de proximité auprès des personnes en situation de migration qui frappent à notre porte ou qui nous appellent au téléphone. Les échanges ponctuels ou les écoutes solidaires nous aident à rejoindre les migrants là où ils en sont, dans la recherche humaine, matérielle et spirituelle. »

Certains migrants ont à leur tour intégré cette équipe de sensibilisation. C'est le cas d'Albert Hitimana, 30 ans,

© Xavier Schwebel

Chaque samedi, à Paris, réfugiés et bénévoles du Secours catholique se retrouvent pour former une équipe de foot solidaire et jouer contre une autre équipe locale.

de nationalité rwandaise, qui est devenu bénévole au service d'accueil de la maison diocésaine de Toulouse. « Après plusieurs rencontres de formation, j'ai appris à ne plus me laisser piéger par ma culture d'origine comme seule référence de jugement. Désormais, je fais respecter le point de vue de chacun et je cesse d'être donneur des leçons », assure le jeune migrant qui se dit heureux de …

... dialoguer avec des interlocuteurs très différents.

Le service de la pastorale des migrants du diocèse de Toulouse s'est aussi lancé le défi d'aller vers les paroisses rurales, surtout celles à la frontière espagnole, là où l'expérience relationnelle avec les migrants se fait encore à tâtons. Après les messes dominicales, l'équipe réunit les paroissiens volontaires et les aide à comprendre le phénomène migratoire. « Nous sensibilisons les communautés catholiques locales à l'accueil des frères étrangers, en sorte qu'elles arrivent à construire un rapport de respect et de découverte mutuelle », indique Gilles Enot.

Ces initiatives rejoignent un éventail d'autres propositions d'aide administrative, en nourriture et fournitures, prodiguées par l'antenne locale du Secours catholique, ou encore du service de bagagerie, proposé par la paroisse de Sacré-Cœur, en centre-ville de Toulouse. ■

Journée mondiale du migrant et du réfugié

« Nous sommes appelés à nous engager pour qu'il n'y ait plus de murs qui nous séparent, qu'il n'y ait plus les autres, mais un seul nous, aussi grand que toute l'humanité. [...] Dans la rencontre avec la diversité des étrangers, des migrants, des réfugiés et dans le dialogue interculturel qui peut en naître, nous avons l'opportunité de grandir en tant qu'Église, de nous enrichir mutuellement. » (Extrait du message du pape pour la 107e Journée mondiale du migrant et du réfugié, le 26 septembre.)

LE JOUR DU SEIGNEUR – FRANCE 2

5/9 9 h 45 : église du Très-Saint-Sacrement, Metz (57).
Prédicateur : Fr. Yves Combeau, dominicain.

12/9 11 heures : monastère de l'Annonciade, Thiais (94).
Prédicateur : Fr. Thierry Hubert, dominicain.

19/9 *Informations non confirmées.*

26/9 *Informations non confirmées.*

FRANCE CULTURE (10 heures)

5/9 Monastère de l'Annonciade, Thiais (94).
Prédicateur : P. Gilles Drouin.

12/9 Chapelle Notre-Dame de la Médaille miraculeuse, Paris (VIIe).
Prédicateur : P. Emmanuel Tois.

19/9 Chapelle Notre-Dame de la Médaille miraculeuse, Paris (VIIe).
Prédicateur : Fr. Gabriel Nissim, dominicain.

26/9 Chapelle Notre-Dame de la Médaille miraculeuse, Paris (VIIe).
Prédicateur : Fr. Régis Morelon, dominicain.

LIVRES

LA SÉLECTION DE Panorama

La sainteté en ligne de mire

Patrick-Dominique Linck, Cerf, 84 p.

Une retraite spirituelle de six jours, chez vous, à raison d'une heure par jour. Belle idée que la nouvelle collection de livrets Re/trait : un enseignement, une question à méditer, un espace réservé à vos notes et des intentions de prière. Pour commencer l'année scolaire du bon pied, suivez ce prédicateur dominicain sur le chemin de la sainteté. ■

Marie-Christine Vidal,
rédactrice en chef de *Panorama*

Je veille sur ma planète

Bénédicte Jeancourt-Galignani et Anne Bideault, Bayard jeunesse, 160 p.

Pourquoi suis-je sur la Terre ? Comment trier, donner, recycler et partager ? Que faire pour s'alimenter sans polluer ? En s'appuyant sur le message de l'encyclique *Laudato Si'*, des témoignages des associations solidaires, et des initiatives de jeunes qui œuvrent pour la planète, ce livre illustré fourmille d'exemples utiles pour stimuler les enfants à prendre soin de l'environnement.

Croire en Jésus selon Jean : redécouvrir la foi de l'Évangile

Yves Simoëns, Salvator, 208 p.

Jésuite et bibliste, Yves Simoëns concrétise le message du quatrième évangile. À travers l'évolution des récits, il explique comment la rencontre avec Jésus n'enferme personne mais ouvre la voie à une libre conversion. Face à l'exclusion qui frappe, par exemple, l'aveugle de naissance, Jésus non seulement le guérit du péché mais aussi le réintègre dans la communauté humaine. ■

P. Jean-Paul Musangania

EXPOSITION

Le Trésor de San Gennaro à Loches

Loches accueille quinze objets exceptionnels, issus du Trésor de *San Gennaro* (saint Janvier) de Naples. Constitué au fil de sept siècles, doté de 21 000 pièces d'orfèvrerie, de joaillerie, de statues d'argent et d'or offertes au saint patron de la ville, ce trésor est abrité dans une chapelle adjacente à la cathédrale (Duomo). Édifiée au début du XVIe siècle, la chapelle abrite le sang de saint Janvier, contenu dans des ampoules, qui se liquéfie lors des processions du « miracle ». ■

Ciboire, Famille Ascione, orfèvres (1931)
Don d'Umberto II de Savoie
Or, corail et malachite.
© Musée du Trésor de San Gennaro

Benoît de Sagazan, rédacteur en chef du *Monde de la Bible*

Jusqu'au 1er octobre 2021, Chancellerie - 8 rue du Château, 37600 Loches
www.ville-loches.fr

NOS ACTUS

Agenda civil 2022 de « Prions en Église »

Commandez sans tarder votre agenda *Prions en Église* 2022. Unique sur le marché, de fabrication française et conçu avec Quo Vadis, il vous sera utile pour organiser vos journées. Pour chaque jour, une citation de l'Évangile et les références des lectures de la messe. Il contient aussi les prières du pape François, le calendrier liturgique de l'année, les saints à fêter… ■

Amandine Boivin

En librairie et sur : librairie-bayard.com/agendaprions2022

CD

15 hymnes de joie du pape François
Chantons en Église

Michel Wackenheim
ADF Musique

La joie est un thème qui tient à cœur au pape François. Ce CD rassemble quinze de ses textes sélectionnés et mis en musique par Michel Wackenheim. Des chants simples et accessibles qui invitent les chrétiens à répandre, là où ils vivent, la joie de la Bonne Nouvelle du Christ.

Cantate Domino
Messes et motets

Jo Akepsimas
Bayard Musique

Jo Akepsimas donne ici libre cours à son talent et nous offre des œuvres qui s'inscrivent dans la grande tradition musicale sacrée : treize hymnes latines célèbres (dont six dédiées à la Vierge Marie) et trois messes en latin. Des œuvres à écouter et à chanter (pour chorale). ∎

Dominique Pierre, rédacteur en chef de *Chantons en Église*

NUMÉRIQUE

Chrétiens aujourd'hui

D'où vient la Bible ? Qu'est-ce qui distinguent et rapprochent les catholiques, les protestants et les orthodoxes ? Comment faire pour renouer avec la foi chrétienne ? Ce site offre un éclairage accessible à tous pour mieux comprendre les textes de la Bible, découvrir la diversité des Églises et des communautés chrétiennes, et partager des témoignages d'expériences vécues pour guider les croyants dans la vie quotidienne. ∎

www.chretiensaujourdhui.com

P. Jean-Paul Musangania

AGENDA

Informations communiquées sous réserve de modifications.

À l'heure où nous imprimons, nous ne pouvons prévoir les conditions d'ouverture des centres spirituels ou de formation. Leur site internet précise, selon les circonstances, ce qui se tient en ligne ou en présence.

Grand-Nord-Ouest

SAINT-JACUT-DE-LA-MER (22)
DU JEUDI 16 AU JEUDI 23
Retraite spirituelle
Un temps de silence et de désert sur le thème : « Dieu était là et je ne le savais pas » (Gn 28, 16). Selon les Exercices spirituels et dans les pas des personnages de l'Ancien et du Nouveau Testaments. Prêché par Rémi de Maindreville, sj.
02 96 27 71 19
hotellerie@abbaye-st-jacut.com
abbaye-st-jacut.com

ROUEN (76)
MARDI 24
Conférence
« Nouvelle traduction du Missel romain ; enjeux spirituels », par Mgr Dominique Lebrun, archevêque de Rouen, à l'Institut normand de sciences religieuses.
02 31 73 22 15
insr-normandie.fr

LE MONT-SAINT-MICHEL (50)
DU JEUDI 30 AU DIMANCHE 10 OCTOBRE
Musique sacrée
Le festival Via Aeterna donne rendez-vous dans dix communes autour du Mont-Saint-Michel et de sa baie, dans de hauts lieux du patrimoine, pour 32 concerts exceptionnels avec des artistes de renom : Anne Queffelec, Nemanja Radulovic, le chœur de Saint-Cyr-Coëtquidan…
www.via-aeterna.com

Grand Nord-Est

VION (72)
VENDREDI 10
Session
Vivre en eutonie, c'est mieux connaître et habiter son corps, être plus présent par les sens aux autres et au monde. Une session proposée par l'Académie pour une Écologie intégrale. Avec Gabriella Buirma-Rieu, orthophoniste, et Alain-Dominique Versele, csj, prêtre et médecin.
02 43 95 48 01
ndchene@notredameduchene.com
www.notredameduchene.com

...MOUVAUX (59)
**VENDREDI 17
AU DIMANCHE 19**
Session mariage
Le temps d'un week-end,
s'accorder un moment
de réflexion seul,
en couple, avec d'autres.
Session animée
par des couples
et un prêtre
de l'association
À 2 Pour la Vie.
03 20 26 09 61
contact@hautmont.org
www.hautmont.org

Grand Sud-Ouest

LA ROCHELLE (17)
DÈS LE MERCREDI 1ER
Synode diocésain
Le diocèse de La Rochelle
lance sa démarche
synodale missionnaire
par une messe de rentrée
dans chaque paroisse
du diocèse. Jusqu'en
septembre 2022,
les équipes réfléchiront
à la manière de devenir
des acteurs
de l'évangélisation
en paroisses,
sur le thème « En Christ,
vers le frère ».
synode.catholiques17.fr

BUGLOSE (40)
**DU LUNDI 6
AU DIMANCHE 12**
Journées mariales
Concert, messe
d'ordination, fête
diocésaine autour
de la Nativité de la
Vierge (le 8), journée
du Renouveau, dimanche
consacré à la pastorale
de la Santé.
Au sanctuaire
Notre-Dame de Buglose.
05 58 58 02 35
nd-buglose.diocese40.fr

Grand Sud-Est

BIVIERS (38)
**DU LUNDI 13
AU VENDREDI 24**
Retraite spirituelle
« Les Exercices spirituels
en 3 fois 10 jours » :
vivre les 30 jours
d'exercices spirituels
de saint Ignace en trois
périodes.
Cette proposition
s'adresse à des personnes
qui ont une certaine
expérience de la prière
et de l'écoute
de la Parole.
04 76 90 35 97
www.sainthugues.fr

LES HOUCHES (74)
**DU LUNDI 13
AU DIMANCHE 19**
Retraite spirituelle
Sur le thème
« Quand vous priez,

dites : Notre Père »
(Mt 6, 9), avec le père
Jean-François Hüe.
Au Foyer de charité
de la Flatière.
04 50 55 50 13
retraite@flatiere.fr
www.flatiere.org

Île-de-France

PARIS (75)
SAMEDI 4
Recollection
Comme chaque premier
samedi du mois,
la Communion
Notre-Dame de l'Alliance
propose aux personnes
mariées mais séparées
un temps d'écoute,
de partage et de prière
à la basilique
Notre-Dame-
du Perpétuel-Secours.
idf.montmartre@cn-da.org
www.cn-da.org

52e Congrès eucharistique international à Budapest

Du dimanche 5 au dimanche 12, à Budapest (Hongrie), se tient le 52e Congrès eucharistique international sur le thème : « En toi, toutes nos sources ! » (Ps 86 [87], 7). La présence du pape François est attendue pour la messe de clôture. La baisse de cas de Covid et la campagne de vaccination laissent espérer la tenue de ce grand rendez-vous prévu en 2020 et reporté ce mois-ci. Réunissant clercs et laïcs des cinq continents, son objectif premier est de rappeler la centralité de l'eucharistie dans la vie de l'Église. Aujourd'hui, le Congrès eucharistique est associé au mouvement de la nouvelle évangélisation dans les pays séculiers. Il invite les fidèles à approfondir le mystère des sacrements. Le programme du Congrès comprend, outre les célébrations, des conférences et témoignages, de nombreuses catéchèses, diverses expositions et autres manifestations culturelles, ainsi qu'une rencontre pour les jeunes. Tous les événements peuvent être suivis sur Internet : www.iec2020.hu/fr ■ **Jean-Baptiste Deau**

... CLAMART (92)
SAMEDI 25
Halte spirituelle
« Un jour avec
la parole de Dieu »,
c'est une journée de
ressourcement spirituel
en silence pour, prier
à partir d'un texte
de la Bible selon
la pédagogie
de saint Ignace.
01 45 29 98 60
accueil@manrese.com
www.manrese.com

PARIS (75)
SAMEDI 25
ET DIMANCHE 26
Week-end
La Fraternité Notre-

Dame de la Résurrection
organisent pour
les personnes veuves
catholiques un week-end
sur le thème « De la mort
jaillit la vie ». Échanges
avec des femmes
qui ont vécu la même
épreuve et qui ont
découvert un chemin
avec le Christ.
01 46 65 47 86
michele.citton@orange.fr
veuves-chretiennes.ovh/fr

EUROPE

SAINT-SIÈGE
À PARTIR DU LUNDI 6
Visites ad limina
Reprise des visites

ad limina des évêques
de France.

BOLOGNE (ITALIE)
DU MERCREDI 22
AU SAMEDI 25
Congrès historique
« Dominique et Bologne
– Genèse et développement
des frères prêcheurs »,
ce congrès est organisé
par l'université de
Bologne et l'Institut
historique de l'ordre
des Prêcheurs à (Rome).
À l'occasion dè l'année
jubilaire pour les 800 ans
de la mort de saint
Dominique.
www.op.org
www.institutumhistoricum.op.org

DES IDÉES DE FORMATION POUR 2021-2022

Prions en Église vous propose une sélection de quelques formations ouvertes à tous, pour 2021-2022. Les informations ci-dessous sont communiquées sous réserve de modifications. Certaines paroisses et diocèses proposent aussi des formations. N'hésitez pas à vous renseigner près de chez vous.

FORMATIONS BIBLIQUES

◆ Parcours bibliques
Sur l'Exode,
les évangiles synoptiques,
le livre des psaumes…
Par l'Institut universitaire
Saint-Luc (IUSL)
à Aix-en-Provence (13).
04 42 17 59 47
iusl@catho-aixarles.fr
www.catho-aixarles.fr/diocese/
se-former/iusl/
icm.catholique.fr
Ou, entre autres,
par la faculté
de théologie de
l'Université catholique
de Lyon (69).
04 72 32 51 40
theoenligne@univ-catholyon.fr
www.ucly.fr/theo-en-ligne-bible

◆ Introduction à la Bible
Un semestre avec
Brigitte Masurel
(Licence canonique
en Sciences bibliques).
Par l'Institut normand
de sciences religieuses
(INSR), à Rouen (76).
02 31 73 22 15
insr-normandie.fr

◆ Parcours Alpha Classic
Initiation
et approfondissement
à la foi chrétienne
et à la culture biblique.
En groupe de proximité
ou en ligne.
Par les Parcours Alpha.
www.parcoursalpha.fr

◆ « Dieu à la rencontre de l'homme »
Formation Bible
et foi chrétienne avec
notamment Roselyne
Dupont-Roc (bibliste,
collaboratrice de *Prions en Église*).
Par le Centre pour
l'intelligence de la foi
(Cif), à Paris (75).
07 82 28 12 08
secretariat@lecif.fr
www.lecif.fr

FORMATIONS LITURGIQUES

◆ Introduction à la liturgie
Avec Élisabeth Raveneau,
responsable du service
diocésain

DES IDÉES DE FORMATION POUR 2021-2022

••• de pastorale liturgique et sacramentelle.
Par l'Institut théologique d'Auvergne (ITA) à Clermond-Ferrand (63).
04 73 19 20 98
ita@itaclermont.fr
www.ita.catholique.fr

◆ **Histoire de la liturgie, Mouvements et réformes de Trente à Vatican II**
Le dimanche : cours en auditeur libre.
Par l'Institut supérieur de liturgie (ISL), de la faculté de théologie de l'Institut catholique de Paris (75).
01 44 39 84 80
www.icp.fr/theologicum

◆ **Autour des sacrements**
Par le Centre d'enseignement de théologie à distance (Cetad), en lien avec l'Institut catholique de Paris (75) et la Conférence des évêques de France.
3 à 4 heures par semaine.
cetad.catholique.fr

FORMATIONS SPIRITUELLES

◆ **Formation à la prière**
Oraison, lectio divina, adoration… Par l'Institut Pey Berland (33).
05 56 81 74 96
contact@institutpeyberland.fr
www.institutpeyberland.fr

◆ **Parcours théologie et spiritualité**
« De l'humain confiné à l'humain relié : les nouveaux enjeux d'une anthropologie chrétienne. » Treize jeudis par le Centre théologique de Meylan (39).
04 76 41 62 70
www.ctm-grenoble.org

◆ **Certificat de spiritualité**
En 3 ans de formation à distance, pour toute personne désirant s'initier à la spiritualité chrétienne et carmélitaine.
Par le Toulouse enseignement biblique (TEB), de l'Institut catholique de Toulouse (31).
05 61 53 96 02
www.ict-toulouse.fr/formation/certificat-de-spiritualite/

◆ **Initiation à la prière**
En cinq modules vidéos (Notre Père, les psaumes, la louange, etc.), ainsi que sur d'autres sujets théologiques, en ligne. Par des frères dominicains de la province de France.
www.theodom.org

Prions en **Église**
www.prionseneglise.fr

18, rue Barbès, 92128 Montrouge Cedex.

▶ **POUR CONTACTER LE SERVICE CLIENT : 01 74 31 15 01** – service.client@bayard-presse.com
(Préciser : nom + adresse postale + « concerne Prions en Église ».)

▶ **POUR VOUS ABONNER : 01 74 31 15 01** – www.librairie-bayard.com
Bayard, Prions en Église, TSA 60007, 59714 Lille Cedex 9

▶ **POUR CONTACTER LA RÉDACTION : 01 74 31 63 24** – prionseneglise@bayard-presse.com

Directeur de la publication : Pascal Ruffenach. Directeur : Jean-Marie Montel.
Rédaction : Karem Bustica (rédactrice en chef), Pomme Mignon (rédactrice en chef adjointe, directrice artistique),
Frédéric Pascal (rédacteur en chef adjoint, secrétaire général de la rédaction), Armelle Gabriel (assistante),
Jean-Baptiste Deau, Clotilde Pruvôt, Nicolas Crouzier (secrétaires de rédaction), Laurent Sangpo, Alexia Féron,
Pascal Redoutey (rédacteurs graphistes), P. Thibault Van Den Driessche, P. Jean-Paul Musangania (rédacteurs),
Agnès Thépot (relations lecteurs). Ont participé : Béatrice Basteau, Geneviève de Balincourt. Marketing éditeur
et développement : Anne-Claire Marion (directrice), Amandine Boivin (responsable marketing). Marketing diffusion
et abonnement : Aurore Bertrand (directrice), Sandrine Dos Santos (chef de marché). Direction des terrains catholiques :
Cédric Bloquet (directeur), Stéphanie Chauveau (chef des ventes). Voyages lecteurs : Corinne Miguel. Contrôle de
gestion : Tonnumy Ai. Fabrication : Franck Fournier. Impression : Maury SAS, Z.I. Route d'Étampes, 45330 Malesherbes.
Textes liturgiques : © AELF. Chants : © Éditeurs. © Bayard et Novalis. Reproduction interdite sans autorisation.
Prions en Église est édité par Bayard Presse, société anonyme à Directoire et Conseil de Surveillance au capital
de 16 500 000 €. Actionnaires : Augustins de l'Assomption (93,7 % du capital), SA Saint-Loup, Association Notre-Dame
de Salut. Directoire : Pascal Ruffenach (président), P. André Antoni, Alain Augé et Florence Guémy (directeurs généraux).
Président du Conseil de Surveillance : Hubert Chicou. Dépôt légal à parution. CPPAP : 0425K86471 - ISSN : 0383-8285.
Belgique : Sandrine Van Gossum (éditeur responsable pour la Belgique), Bayard Presse Bénélux, Da Vincilaan,
1 1930 Zaventem. Tél. : 0800 90 028 (de Belgique, gratuit) ou 00 32 87 30 87 32 (de France) ou Tél. : 800 29 195
(du Luxembourg). Web marché chrétien : www.bayardchretien.be. Suisse : Edigroup SA 39 rue Peillonnex
1225 Chêne-Bourg – Suisse. Tél. : 00 41 22 860 84 02. Mail : abobayard@edigroup.ch

Prions en Église agit pour l'environnement

Origine du papier : Allemagne
Taux de fibres recyclées : 100 %
Origine des fibres : papier issu
de forêts gérées durablement
Impact sur l'eau : Ptot 0,0016 kg/T

Ce numéro comporte
Sur la totalité de la diffusion :
encart broché "Prions en Église" abonnement
parrainage, encart jeté "Prions en Église",
encart posé "Prions en Église".
Sur une partie de la diffusion :
encart posé "Bayard presse jeunesse" offre
d'abonnement, relance posée "Prions en Église"
offre d'abonnement.

Bulletin d'abonnement

OUI, je m'abonne à *Prions en Église*

ÉDITION POCHE (13 x 11,9 cm) - PRI
- ☐ **1 an** (12 nᵒˢ) .... **45 €**
- ☐ **2 ans** (24 nᵒˢ) .... **80 €**
- ☐ **Étudiant** 1 an .... **29,95 €***

ÉDITION GRAND FORMAT (16 x 14,6 cm) - PRI
- ☐ **1 an** (12 nᵒˢ) .... **52 €**
- ☐ **2 ans** (24 nᵒˢ) .... **90 €**

+ EN CADEAU :
le hors-série Noël 2021
à recevoir en octobre

 PAR COURRIER Renvoyez ce bulletin accompagné de votre chèque libellé à l'ordre de « Bayard »
à l'adresse suivante : **Bayard - TSA 60007 - 59714 Lille CEDEX 9**

PAR INTERNET
librairie-bayard.com/abopri

PAR TÉLÉPHONE Précisez votre code offre : A176684
01 74 31 15 01 (numéro non surtaxé)

COORDONNÉES ☐ Mᵐᵉ ☐ M.   Prénom

Nom   A176684

Complément d'adresse (résid./Esc./Bât.)

Nᵒ et voie (rue/Av./Bd...)

Code postal   Ville

Pays   Date de naissance J J M M A A A A

Tél.   E-mail

Pour recevoir, conformément à la loi, la confirmation de votre abonnement

---

RENSEIGNEMENTS POUR LES ABONNEMENTS HORS FRANCE MÉTROPOLITAINE

		DOM-TOM & UE	AUTRES PAYS	BELGIQUE	SUISSE
📞 Téléphone		(33) 174 311 501		0800/90028**	(022) 860 84 02
POCHE	1 an	48 €	54 €		
	2 ans	86 €	98 €	Renseignez-vous sur les tarifs	
GRAND FORMAT	1 an	55 €	61 €	et abonnez-vous par téléphone	
	2 ans	96 €	108 €		

*Uniquement en France métropolitaine. Cette offre ne contient pas de cadeau. Joindre une photocopie de la carte d'étudiant.   **Appel gratuit